マニフェスター

# 実現者

*Reika Miyazaki Manifester*

私は偉人でもないし、成功者でもない。
まだスタートラインに立ったばかりです。
ただ、「成功者」とはまだ言えないけど、
「実現者」では確実にある。
ひとつひとつ、
試行錯誤しながらも
形にしてきた。

ドバイの museum of the future を訪れると、壁の一角に格言が書いてある。

"The future belongs to those who can imagine it, design it, and execute it. It isn't something you await, but rather create."

「未来は、想像し、設計し、実行できる人のものです。
待つものではなく、創造するものです」

すごくちっぽけなことから、大きい目標まで。
離婚したてで、金銭的にも精神的にもどん底な時に。
腹を括って決めたさまざまなこと。
色んな人に「絶対無理だよ！」って言われてきた目標。
起業して年商5億円以上を3年以内に達成すること。
子どもたちを自力でインターナショナルスクールに入れて学費を払えるようになること。
子どもたちと庭付きの家で暮らせるようになること。
ビル一棟で会社を運営すること。
ゲレンデ、ロールスロイス、フェラーリを買うこと。
海外でも会社を設立しグローバルに仕事ができるようになること。
本を出版すること。
すべて実現できてます。
それは、私が凄くて特別だからではないと思う。
「特別」というよりも「変わってる」と逆に世間から言われ続けて「やべー女」とまでレッテルを貼られたほど。
本来ならもっと成功している方がこういう書籍を出すべきなのかもしれない。
だけど、私みたいな「やべー女」でもこういう風に生きていけるという
誰かひとりでも勇気を与えられるきっかけになればと思います。
居場所がなかったら作ればいいし、
色んな人になんて言われようが逆境を力に変えて
自分の辛い経験を糧にできる。
「やべー女」だからこそ
やばいことを成し遂げることができる！
そう信じて私はこれからも堂々と
未来に向かって進みます。

# 新しい命

　今回の妊娠はとても大変でした（その経緯は 80 ページに）。
流産からの婦人科系の不調に大変悩まされた末に
授かった大切な命。
今まで穏やかな妊娠生活を送ったことがなかったから
すごくそれ自体もナーバスになっていましたが、
啓司さんの多大なるサポートと包容力。
２人の妊娠だよ、って常に言ってくれて。
初めて誰かに寄りかかったり心から甘えたり
頼りにしていいんだなと思えて。器の広さが海のよう。
すごく感謝しています。
彼にとっては初めて接する妊娠と出産になるけど、
今の子どもたちの小さい頃が見られなかったのもあり
それを体験できるというのを心から嬉しく思ってくれてます。

摂食障害、バツ2、DV経験者……
私の人生、並べるとヤバいことだらけ。
それをコンプレックスに
思った時期もあったけれど、
今は私の強みだと思ってます！

矛盾をなくすってすごく大事。
自分に嘘をついたりごまかしたりしない。
矛盾をなくす作業で、自分の良さを引き出せる。

ベクトルはぜんぶ自分に向けること。
本当に人生変わるよ!

たとえばね、「モテない」って
思った時に、男受けの
努力をするのは
ベクトルが間違ってると思うの。

ベクトルを異性じゃなくて
自分に向ける。
素敵な人なら男女問わず、
みんなが寄ってくるでしょ。
自分自身を磨くこと。
自分が素敵になること。

011

幸せの連鎖を、
もっともっと作りたい。
そしてみんなで
ハッピーになろうよ！

最近嬉しかったこと？
SNSで「露出狂ですね」って言われて。
「そもそも女性の体を性的な対象としか
見られないなんておかしい。
好きな服を着てるだけなんだから」って
言い返したんですね。
そうしたら、すごい共感の嵐。
たくさんの女性たちが賛成してくれました。
みんな最高！　って思いましたね。

会社を設立して、利益がまわってきて、自分の誕生日に欲しいクルマを買ったの。最高に嬉しかったな。

プレゼントって嬉しいけど、それよりもっと気持ちいいのは自分で買うこと！　その快感を味わったら二度と戻れないよ。ぜんぜん違う。

プレゼントしてもらうのって、もちろんその気持ちは嬉しいけれど、その人に自分の対価を決められているような側面もあるでしょ。そうじゃなくて、自分で自分の価値を決める。これには、そこまでの過程があって、努力がある。誰かに媚びずに自分の力でそれを買えたというのは、プライスレスな自信になる。値段がつけられない自信になって、その積み重ねで自己肯定感がどんどん上がっていくんです。

人にプレゼントしてもらうのって嬉しいけど、何かに大きくつながるわけではない。その人がプレゼントしてくれなくなったらどうするの？　その人がいなくなったらどうするの？

そしてプレゼントは、何をもらったかより、誰からもらうかのほうが大事。知らないおじさんに媚びて何かをもらっても、絶対に嬉しくないと思うよ。そんなものより、私は子どもが一生懸命描いてくれた絵とかのほうが嬉しいんです。

会社を設立してちょっとたって、利益がまわってきた時にGLA45を衝動買いしたの。自分の誕生日に、ちゃんと自分が欲しいクルマを買えるようになったのがすごく嬉しかった。ちょっと背伸びだったし、こんなの買っていいのかな、って思いながらね。親を乗せたら「自分で買って、偉いね」って言われて、めちゃくちゃ嬉しかったし、もっと頑張ろうと思えた。

# Contents

1　麗果的人生論　　　　　　　　　　　　021
居場所がなくて「やべー女」だった私

2　麗果的恋愛論　　　　　　　　　　　　033
自分を大切にするようにしたら、
素敵な人が現れた

黒木さんトーク　　　　　　　　　　　　048

3　麗果的仕事論　　　　　　　　　　　　049
マーケティングの目標、起業するという意志、
そして女性の幸せへの貢献

4　麗果的子育て論　　　　　　　　　　　063
母子の関係は人それぞれ。尽くす、
頑張りすぎを求めないで

5　麗果的 SNS 論　　　　　　　　　　　079
炎上を超えてSNSを救いのある光の場にしたい

6　麗果的開運論　　　　　　　　　　095
矛盾をなくし、次元を上げる。
自分の可能性を狭めないで


7　麗果的お金論　　　　　　　　　　113
お金はツール、ゴールじゃない。
だからいちばんの投資先は自分


8　麗果的美容論　　　　　　　　　　127
心と身体を健やかに保つ。
キレイはそこから始まる！


9　麗果的女性論　　　　　　　　　　151
女性が幸せになるために、
自立して輝ける社会を


麗果さんに100の質問　　　　　　　165

# 麗果的人生論

居場所がなくて
「やべー女」だった私

1

History

# モデルやタレントの仕事をしている時は、
# 転落人生だなと思ってました。
# ちっとも幸せじゃなかった。

モデルデビューしたのは高校生、16歳の時。一時的にアメリカから編入した長野の高校で限界に達して、東京の学校に転入しました。帰国子女の受け入れ態勢がある学校だったから、ようやく普通に通えるようになって、友達もできて。

モデルをやっている友達がいて、ある日、その子が事務所にブックを取りに行くっていうのに付き合ったら、その事務所の社長さんに気に入られて、やってみない？　って誘われたのがきっかけ。試しにやってみたら最初のオーディションが全国CMだったんだけど、一発目で受かったの。すぐにテレビ番組も決まって、「この仕事、こんなにeasyなの？」って思ったんですよ。モデルってこんなに楽なのか、なんて。

でも、そこから本格的に始めてみたら、めちゃくちゃ大変でした（笑）。仕事内容はすごく好きなんだけど、それに付随するすべてが好きじゃなかった。競争社会だし、ハブられたりいじめられたりもあるけれど、そこで天下とってやる！　みたいな子が続けていけるんですよね。私はそんな気持ちをもたずにノリで始めちゃったし、絶対売れてやるとも思ってなかったから、モチベーションのもっていき場がなかった。モデルとしてすごく細いわけでもないから、自分が太ってると思って摂食障害も始まっちゃったし。仕事がうまくいけばいくほど、学校の勉強はどんどんおろそかになっていって、すっかり自分を見失ってた。

芸能界で売れたいわけでもない、でも何したい、がなくて、と
りあえず逃げたかっただけ。周りから見たら普通に楽しそうに
見えたと思うんだけど、自分の中ではめっちゃ転落した人生だっ
た。とりあえず逃げたい！　って、ひたすら現実逃避してたん
です。すごくラッキーな場所にいてラッキーな立ち位置ではあっ
たけれど、感謝もしていなかったし、そもそもそこにいたくな
かった。自分が思い描いている立ち位置ではなかったから、す
ごく苦しかった。

いいお給料ももらえて、いいマンションに住んで。大学生の時、
平河町の家賃30万のマンションでひとり暮らしを始めたから、
傍から見たらすごく生意気だったと思います。でも、有名にな
ろうが、お金やモノを持っていようが、そこに幸せなんてあり
ませんでした。本質的に自分が満足していないと幸せって感じ
られないもの。あのすごい喪失感の時代には、二度と戻りたく
ないですね。

私のお父さんは、在日韓国人でした（現在は帰化）。生きてきた中で苦しい思いをしたことがたくさんあるし、劣等感を感じてしまうこともたくさんあったと思う。

私はインター育ちだったし、当時はインターに通っている子が珍しかったから、ある意味疎外されるし特別扱いもされて。親とのコミュニケーションも英語と日本語が混ざっていた。自分でも、ふつうの日本人じゃないっていうアイデンティティをもっていたと思う。

それがひっくり返ったのが、アメリカの中学に通った時。英語が第一言語なのに見た目が日本人だから「なんで日本語喋れないの？」とか聞かれるし、「私の名前を日本語で書いて」とか「これ日本語でなんていうの？」とか、よく聞かれたの。でも書けないし喋れないし、ポケモンのことも知らないし（笑）。そんな中で 9.11 が起きた。

もともと、学校では普通に毎朝、国旗に向かって忠誠心を誓うのがデフォルトだったのね。私はアメリカ人じゃなくていいからやらなくていいよって言われてたんだけど、みんながやってるからとりあえず合わせてた。それが、9.11 が起きたら「なんで日本人なのにお前もやってるの」って言われて。初めて差別を受けた。最初はアルカイダなんてわからなくて大混乱で、カ

0
2
4

# 差別されたこと、たくさんあります。
# だから、差別しない人を目指してる。

ミカゼなんて言い方もされていたから、仲良かった友達がどんどん手のひらを返していく。みんなが家にも車にもアメリカの国旗を貼る中で、私はどこの国の人なんだろう？　って悩んだ。スーパーに行ったら嫌味を言われたり、市民プールに私たちが入ったらその瞬間にみんなが出ていったり。すごかった。差別ってこんなにすごいんだって実感した。

一時期、学校ではアメリカ人じゃない人のためにカウンセラーが来て、サポートがついたほど。私のいたテキサスはブッシュカントリーだから（ブッシュ大統領支持者が多く共和党が強い）、特にひどかったんだと思う。日本人は 9.11 関係なかったねみたいなところに落ち着くまで、半年から 1 年くらいはかかったと思う。

その頃に学校で模擬国連をやって、国際的なこと、社会の役に立つことができるようになりたいなって意識が強くなった。

啓司さんは日本で平和に生まれ育ったから、悪い意味ではなく、差別とか考えたことがないみたいで。私と結婚して初めて「韓国人だから差別受けるの？」ってびっくりしてた。「今、韓流ブームじゃん！　なのに、韓国ルーツだと言われるの？」って。そう言われることに私も衝撃を受けたけど（笑）。いまだにネットでもよく叩かれるけど。ストレスの発散なんでしょうね。

Reika Miyazaki　Manifester

私はパニック障害がひどかった時期があって。今でも、たまにパニック発作を起こすことがあります。PTSDとパニック障害の間というか、トリガーがあると起きちゃう。DVを受けたことがあるから、男の人がまくしたてている声なんて聞くと絶対にダメ。でも、それに向き合えるようになったし、ひどくならないよう自分でケアできるようになりました。

もうひとつ、啓司さんがすっごく助けてくれて、ずっと支えてくれてた。だけど、最初にパニック発作を起こした時、啓司さんも訳がわからないから「麗ちゃん、麗ちゃん、大丈夫？」ってすっごく心配してくれて。「死なないで！」ってあまりにも焦ってるから、こっちが「ちょっと静かにして！　大丈夫よ」って逆に冷静になった（笑）。隣で心配してる人がいるからパニックにフォーカスできなくなって、気づいたらおさまってたんです。

私は啓司さんとの相性は世界一級だと思ってる。お互いにいい化学変化を起こすというか、いいところを引き出してくれるし、ダメな時はそれをお互いに受け止められる。絶対的な味方がいてくれるという安心感があるから、社会で強く戦える自分ができたと思ってる。

34年かけて、ようやっと自分の取説を手にいれた感じかな。

パニック障害、HSP……
たくさん抱えているけれど、
それがかけがえのない私。

Reika Miyazaki  Manifester

アメリカは自己分析をする文化が強いし、ADHD とかディスクレシア（学習障害のひとつ）の人が同じクラスにいるのも当たり前。そういう人のためにちょっと補習があったり、ヘルプも充実しています。私がすごく傷つきやすくてちょっとした温度の変化や音に敏感な子だからと検査をしてもらって、初めて HSP（刺激を過度に受けやすい人）だってわかったんです。その時に、自分を知るというのは大事だとわかりました。

それまでずっと、なんでこんなに敏感なんだろう？　って悩んでいたんですよね。でも、HSP だとわかったことで、じゃあそんな私はどういうふうにしたら生きやすくなるんだろう？　って質問が編み出せた。私が HSP であることは変えられないけれど、どう向き合えばいいのかな？　と、一歩具体的に前に進むことができる。その時の考え方次第で、ネガティブをポジティブにも変換できるんですよ。

私はポジティブというより、打算的なのかもしれない(笑)。でも、いろいろ気がつきすぎてしまう私の特徴をどう活かしたらいいかな？　と考えた時に、マーケティングに向いていることに気づいて。この商品にはここが足りないとか、この人の強みはこういうとこなのに、ってすぐにわかるんですよ。そんな特性が

（ページ左端に縦書きで）028

# 自分を知ること。
# そこからしか、先には進めない。

価値を生むようになり、現在の仕事へとつながったわけです。
HSPで繊細で、共感性が高いってことは、人の気持ちをわかるってこと。お客さんはこういうものが欲しいんだろうなとか、こう言ったら伝わりやすいんだろうな、っていう気づきが仕事にすごく活かせるようになりました。今では、HSPに生まれてめちゃくちゃ良かったと思っているくらい(笑)。アンテナが広がっているといろんなチャンネルを拾いすぎてしまうけれど、それを意識して一本にまとめることができるようになったら、誰よりも強いアンテナになります。

もちろん他人に「なんでそんなことに気づかないの?」ってイライラしてた時期もあります。でも、気づきすぎちゃうことが強みで儲けポイントなんだってことがわかってから、まったくイライラしなくなりました。だって、みんなが私と同じくらいに気づいたら私は成功しないでしょ(笑)。だから「変わってる」は私にとっては最上の褒め言葉。変わってるねって言われたら「そうでしょ? ありがとう!」ってね。差別化ができて、商品もサービスも自分もすべて、それが「勝ち」の時代になってきてると思います。

# 19歳、大学生の時にパリ社交界デビュー。
# 人間はみんな一緒なんだなと思いました。

私、19歳の時にパリの社交界にデビューしています。
とある方からご紹介をいただき、審査にパスしたので是非と言われて。憧れは一切なかったけれど、経験として面白いし、マイナスにはならないし、という気持ちでした。ホテルクリヨンを貸し切ってパーティをして、オートクチュールハウスのカルヴェンがドレスを作ってくれて、すごく楽しかった。

そこでまず感じたのは、ある種のギャップなんです。私は裕福と言われて育ったけれど、すでに自分で仕事もしていたし、親に頼らなくても生活できるレベルだったので。でも、パリの社交界は何もかも親がしてくれる子たちばっかりだったし、プライベートジェットで来ましたという子も少なくない。そこはすごくギャップを感じました。

でも、突き詰めれば、みんな同じ人間なんです。その代にはリリー・コリンズがいたり、海運王の娘がいたり、ベルギーの王子がいたり。でも、きらびやかで裕福なところで育っていても、みんな普通の子なんです。同じ人間というか。同世代の友達とパーティしたみたいな感覚で、社交界デビュー！ ということで注目されたりすごいと言われたりするんですが、シンプルに楽しかっただけ。そして、その経験が何か具体的に役に立っているというわけではないな（笑）。

# 麗果的恋愛論

自分を大切にするようにしたら、
素敵な人が現れた

2

Romance

当時はぜんぜんわからなかったのだけれど、今思えば、私の恋愛はすべて「居場所がほしい」が原点だったと思います。今の旦那さんは別だけど。自分の育った家庭がややこしかったから、家族に対する執着があるというか、居場所がない、男性と一緒にそういうものを作りたい、という憧れがあったんです。ずっと専業主婦希望だったし。誰かの妻とか彼女とか、そういうことに存在意義を見出そうとしていました。母には「男に寄生する恋愛はやめなさい」と言われていたけれど、まるで聞き入れませんでしたね。

でもね、そうすると束縛する男を選んでしまうんです。むしろ喜んで束縛されていたというか、当時の私はそれを愛情だと思っていたんですよ。友達からはそれはそれは心配されたし、「やめてって言ってるのにあんな男と付き合う麗果を見ているのが辛い」って縁を切られた友達もいます。それなのに、当時はさっぱりわからなかった。そんな恋愛を繰り返していたから、DV を受けたこともあります。

心身ともにボロボロになることもあった。私は 169 センチで 50 キロくらいがベスト体型なのだけれど、その時は 40 キロまで落ちてました。周囲が薬物中毒じゃないかと心配するレベル。怪我もすごかったし。人はストレスで痩せるんだということが、本当によくわかった経験でした。

「私は私」というのがないと、相手に依存するろくでもない恋愛をしちゃう。束縛を愛情と勘違いしちゃう。自分がマイナスの状態だと、同じようにマイナスと引き合っちゃうし、ネガティブを引き出してしまいます。

自分の存在意義は自分で見つける。自分で作る。素敵な恋愛はその先にあると、今の私なら自信をもって断言できます！

母はずっと
「男に寄生する恋愛はやめなさい」と
言っていました。
当時はその意味が
まったくわからなかったけれど。

黒木啓司さんとの結婚は、私にとって3度目の結婚。これまでに2度離婚しています。

私は基本的に何も隠し立てせず、ありのままの自分をさらすと決めています。ただ、1度目の結婚については彼との約束だから話せない。第一子については、今はパパの元で暮らしている。人生でいちばん辛い苦渋の決断だった。理由は、とてもプライベートなことだし、時期が来たらその子とまず最初に話すべきだと思うので。ここで公にする前に。具体的な理由は伏せますが、「愛情がないから」とか「親権を取れなかった」ということではないです。

周りからもめちゃくちゃ批判されたし、世間でもいまだにいろいろ言われてる。理解できる人が少ないのはわかってる。長男は育ててないんですよね？　とか。でも、息子はいま超幸せで、パパもめちゃくちゃ愛してくれてる。いまだに辛い時もあるけど、あの時の私にとっては正解の選択だった。今、いつでも息子に会えるようにしてくれて、可愛がってくれているパパに本当に感謝してる。

2度目の離婚は、はなちゃんを妊娠している時だった。それまでもたくさんすれ違いはあったんだけど、一緒に海外旅行に行って、もう限界だなって思って。成田離婚じゃないけど、旅行の荷物を持ってそのまま実家に帰りました（笑）。実際に離婚するまでは本当に大変で、お金もない、仕事もしていない妊婦。まずは仕事を探さないと！　と思っても、雇ってくれる人もいなかった。

そんなストレスにさらされていたら、はなちゃんがお腹の中で育たなくなっちゃって。すぐ入院しなさい！　と言われてモニターをつけたまま、病室で始めたのがいまの仕事。700グラムのはなちゃんを見守りながらのスタートだった。

Reika Miyazaki   Manifester

# 恋愛するつもりなかったのに、
# 気づいたら毎日一緒にいた。

啓司さんと出会ったのは、友達がきっかけです。その子と一緒の時に「先輩にちょっと渡すものがあるから」と言われて一緒にお邪魔したのが、啓司さんのおうちだったんです。家がすごく近所だとわかって、そこから頻繁に会うようになりました。

でも、私は洋楽ばかり聴いてきたから、EXILE が誰かもよくわからない。どうやら彼もそういう対応がラクだったよう。私はお酒を飲まないし、コロナもあったし、そもそも私が朝型だから、生活スタイルが違いすぎて。仕事前なら会えるね、ってモーニングしに行くようなとても健全な感じだったんです。恋愛になるなんてぜんぜん思ってなかった。お茶しに行く時も、「私が車乗ってるから迎えに行くよ」って、自分のゲレンデで迎えに行って、彼を助手席に乗せてた。男みたいだった（笑）。友達同士でしたね。

しかも私はバツ２だから、恋愛する気がなくて。結婚とか縛られる関係は嫌だし、私も誰かを縛りたくないし、今がいちばん仕事しなくちゃいけないし、って思ってたんです。恋人や夫と喧嘩するとすぐ仕事に影響しちゃうタイプなので、仕事のマイナスになる恋愛なんてしないというシビアなモードでした。いい仕事をするにはメンタルがハッピーでなくちゃいけないし、自分を強く保てる環境を作らなければならないし。それに、ちょっとでも時間が余るなら子どもたちと過ごしたかった。

でも、気づいたら毎日一緒にいた。何かをするわけでもなくて、ただ一緒にいる。気づいたらいないと変な感じになっちゃって、ちょっと会えなくなったらぽっかり穴があいたような感じになってしまって。そこから恋愛が始まったんです。

恋愛関係になって、きっかけになった共通の友達に、麗果のことも啓司くんのことも大事な友達だから、この先別れたりしてお互いが傷ついたりしたらと心配されました。彼も私もクセが強いから、本当に大丈夫？と。私の両親も「2度も離婚してるのだから」と新たな恋には賛成できないムード。もちろん啓司さんのファンからはすごくバッシングされました。周りがみんな反対する中で、啓司さんと私だけが、大丈夫、って思ってたんです。

# 「付き合う≒結婚」だった私たち。
# そして、家族になりました。

　２つのペアシェイプのダイヤを重ねて♡の形に。ハートの形も左右対称のオーソドックスなハートではなく少しアンバランスで。「新しい形の愛」

そして下の線は日本の伝統工芸である金継ぎをモチーフに。KINTSUGI（というジュエリーライン）は「人は誰でも、コンプレックスやトラウマ、"壊れてしまった"ところをもっている。でも、それが『人間らしさ』を生む。傷を隠して生きるのではなく、成長した自分として紡いでいく。 そうやって生まれてくる『その人らしさ』は、深みがあってたくましくてかっこいい。壊れながらもパワーアップした自分が、きずもひっくるめて、他の誰とも違うあなただから」

決して完璧ではない flaws も past もある私をすべてひっくるめて受け入れてくれる彼の思いと、人生を一緒に金継ぎしながら歩んでほしいという願いを、友人でジュエリーの仕事をしている George と啓司さんが何度も打ち合わせをしてデザインしてくれたみたいです♡

啓司さんの好きなところ？　価値観がすごく似てるとこかな。私は社会のためになりたいっていつも思ってるんだけど、啓司さんもそうなんです。

彼が引退を決めた時、「一般人になったらちやほやされなくなるけど大丈夫？　落差あるよ？」って話をした。そうしたらすっごく変わってて、「俺、一回もちやほやされたことないよ」って。最初は意味がわかりませんでした。ライブであんなにキャーキャー言われているのに。そうしたら「あれは、俺がファンの方をキャーキャー言ってるんだよ」と答えたのがすごく面白かったですね。彼はすごく謙虚。もともとは有名になりたくてエンターテイメントの道に入ったのだと思いますが、人を喜ばせる素晴らしさに気づいてしまったんでしょうね。だから、これからは違う形で社会貢献したい、としきりに言っています。

彼は責任感の塊みたいな男性。九州男児っぽいのかな。最初は仲のいい友達関係が続いたんですが、とあることをきっかけに「付き合う？」ってきちんと言葉にして。その次の週くらいには「いつ結婚する？」って言われました（笑）。彼の中では、「付き合う≒結婚」だったんですね。

# みんなに祝福されない結婚だった。でも、こんなに絆が強いと思える人は初めてだった。

連れ子がいる私と結婚なんてしたらいろいろ言われるよ？　相当な覚悟がいるよ？　と釘を刺したんですが、子どもたちのこともすんなり受け入れてくれました。バツもついてて大丈夫？　って聞いても「俺が守るから。俺が良ければ良くない？」と。何より、一緒にいると子どもたちがめちゃ楽しそうだったんですよ。私も一緒にいて幸せだったけど、子どもが「パパ！」ってなついて、すごく自然で。

4人で初めて旅行に行った時に、朝、目覚めたら3人がいない。朝が弱くて起きられない私を寝かせてくれて、「一緒に行こ」って子どもたちと、ごく自然に3人で遊びに行ってたんです。そんな感じで、すごく自然にパパになり、家族になった。

最初は周りからびっくりされたし、祝福されるような結婚ではなかったんだけど、私たち2人の中ではすごく納得ができていて、絆が強い結婚です。

# 恋のアンテナは、わりと簡単にバグる。

恋愛で学んだこと？　若い頃は、自分が好きか嫌いかだけで考えていましたね。「私は彼のことが好きだから」って行動して、それでツライ思いをたくさんたくさんしました。

そんな私だからこそ言えるんですが、自分が好きになった人が正しい相手とは限りません！　自分の恋のアンテナは、しょっちゅうバグを起こします。そういう感情より大事なのは、その相手が自分を大切にしてくれるか、一緒にいてハッピーかということ。

私はよく恋愛相談されるんですが、その時にいつも「まず自分を大切にして」と言っています。すごく好きな相手が浮気したとか、別れたくないけど彼のモラハラがすごいとか……でも、自分を大切にしてくれない人を好きになっている時点で、自分も自分のことを大切にできていないと思いません？

相手は他人だから変わらない。ならば自分で自分を大切に思える環境にいるべきだし、他人に大切にしてもらわなくてもいい。まず自分を愛すること。そして、そんな自分を好きでいてくれる人を大切にすること。

私は彼氏を切らさないタイプだったし、恋愛依存症だったと思います。それでとことん失敗したので、そういう自分に戻りたくないって気持ちの強さは誰にも負けません。そして、自分を大切にするようにしたら、素敵な人が現れたんです。

白馬に乗った王子様なんて、待っていても、今の時代は絶対に現れません。でも、自分が白馬に乗って道を切り開いていたら、そこに白馬に乗った人が現れますよ。

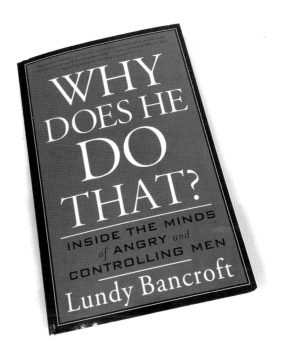

『Why does he do that?』は英語の本だけど、すっごいおすすめの一冊。DV されている時って、そこに理由を見出そうとするんだよね。私のこういうところが悪かったのかなとか、彼の幼少期に原因があるのかなとかね。でも、そうやって理由をつけて納得しようとすること自体がおかしいんだよ。そうじゃなくて現実を見よう、ってことがわかる本。

Reika Miyazaki Manifester

# 大切な人との、喧嘩のおさめかた。

啓司さんと頻繁に会うようになってから、一度、ちょっと喧嘩っぽくなったことがあったんです。3日間くらいなんだけど会わない時期があって。その時にあれ？　って思って、自分の中で恋愛に発展しちゃってることに気づきました。こんなに感情が揺さぶられる自分が嫌だ、やっぱりダメだ、ってその時は思ったの。

でも、彼から連絡がきて。その時に初めて「関係をうまくいかせる」ことに重きを置かなくちゃいけないんだなと思ったんです。32歳（当時）でようやくそんな気持ちになれるって、すごく未熟なんですけど（笑）。どちらが正しいとか正しくないとかじゃなくて、仲良く一緒にいることにフォーカスしたい、と強く思ったんです。

それまでの恋愛ではいつも、自分が悪いって思えなかった。でも、啓司さんとの時は、私も悪いところがあるなとか、こういう部分を直さなくちゃいけないなとか、自分のイヤなクセを出さないようにしなくちゃとか、初めて思えたんですよ。それまでの恋愛では、心配したり嫉妬したり、携帯を見ちゃったこともありました。けれど、関係をうまくいかせるためには、そういうマイナスな感情を出さないようにしなくちゃと素直に思えたんですよ。

今でも喧嘩はしますよ。そして、だいたい毎回私が悪いんだなと思う（笑）。これまでの恋愛についても、ちょっと違う見方ができるようになりました。私のああいう振る舞いはよくなかったなとか、私にも非があったなと思う余裕がもてるようになったんですね。そういう意味で、啓司さんがすごく私を成長させてくれたと思う。仏すぎる。

私たちの中で、離婚という選択肢は絶対にない。だから、喧嘩しても「もうやめよう、どうせ仲直りするから。時間の無駄だから」ってなる。お互いにそのことを、よくわかってるんです。

自分がイヤだとかおかしいと思うことは、きちんと伝えます。でもそれと同時に、いつも考えること。2人の関係をうまくいかせるにはどうしたらいい？──その気持ちがあれば、絶対に大丈夫！

言葉でうまく言い表せないけど、麗ちゃんは天才だと思う。いろんな人に会ってきたけれど、ここまでの能力を持った人はいなかった。すごい人材と出会えたんだなと思ってる。

麗ちゃんにいつも「私の見た目は好きじゃないの？」って怒られるけれど、中身を好きになったんですよ。もちろん愛情もあるしすごく尊敬もしているし、外見だって好きだけれど、本当にそのコアの部分を好きになった。

今やっている仕事のいくつかは、麗ちゃんと一緒に進めていますし、その中には麗ちゃんの能力を世の中に広めていくという目標も入ってます。自分はずっとパフォーマーとしてやってきたけれど、本当は表ってあまり向いてない。ただ、すごいグループに所属して、そのスピード感やスケール感を肌身で知っているのは強みだと思う。これまで走って進んでいた麗ちゃんだけれど、自分が手伝えばジェット機に乗せられるし、もっともっと大きくなるんじゃないかな。

彼女と出会ったことで生活も、考え方も、運気も、それに体質も変わったんです。毎日外食ばかりだった自分が家での食事の良さを実感したり、体調も中身も変わりました。すごく可愛い子どもたちと共にいる時間も、麗ちゃんとすごす時間も、進めていくプロジェクトも、そのすべてを愛してる。

3

*Career*

# みんなにとってwin-winな関係性を、って いつも考えてる。

インフルエンサー。起業家。マーケター。プロデューサー。モデル……今の私の肩書はいろいろだし、これからも増えていくと思います。どれかひとつに縛られるつもりはないし、私にできることはどんどんやっていきたい！

ただ、そうしていると際限なく広がっていくし、いろんなオファーをいただくので絞り込む必要があります。いろいろお声がけをいただくと、人間ってブレやすいんですよ。自分の軸は何？　というのは常に考えますね。

仕事で絶対に譲れないのは、皆にとって win-win の関係であること。たとえば私が PR だとしたら、メーカーにとっても win、私にとっても win、消費者にとっても win な関係を作るのが絶対。だからこそヒットが生まれるし、長続きする。

そしてもうひとつ、絶対に女性の幸せを考えるって決めています。美しくなることもそう、健康になることもそう。そして、その先にあるのは「子ども」なんです。子どもたちの未来が少しでも明るくなるには、やっぱり女性が幸せでなくちゃダメ。そして、日本は女性の置かれた状況がかなりひどいと思っています。私は別に政治家になりたくはないけど、つい、私が総理だったら？　って考えちゃうくらい。だから、仕事を通じて女性の幸せに貢献したい！　というのはいつもいつも意識しています。

Vitolabo オープン直前には自分たちで椅子を組みたてたり、看板を設置したりと準備に追われた。

仕事で最高の成功？　今のところ、ないかな。
目指してるのはもっと高いところだし、
100％思うようにできたことはないんです。
やっとスタートラインに立った感じ。

数字を達成した、目標を達成したって
ほっとしたことはもちろんあります。
でもすぐに次の課題ができちゃう。
満足している暇はないんです。

根本的に、自分にとても厳しいんだと思います。
自分に優しく、人にはもっと優しく、って
いつも言い聞かせてます（笑）。

タレントをやめる！　と宣言して台湾に留学という名の逃避をした私。およそ1年かけて中国語はかなりマスターできたけれど、恋愛でボロボロになって帰国しました（笑）。でも、何か仕事はしていかなくちゃいけない。英語が喋れるのが武器だったからワインの輸入業をやったり、海外進出したいメーカーのお手伝いをしたり。同時に、エステとマッサージのサロンを開業したんです。自分で施術ができるわけではないけれど、いいエステ、いいマッサージのことはよく知ってるから。

ところがこれが大失敗。お客さんはたくさん入ってるのになかなか黒字化しない。なんでだろう？って思っていたら、共同経営者がめちゃくちゃ経費の使い込みをしてたんです（笑）。

一緒にやっていくのは無理！　と思って自分は降りる宣言をしました。株を買い取ってもらってやめようと思ったら、すごく低いヴァリュエーションを出してきたんです。もともと出資していたお金の半分くらいかな。黒字化していないからこんなもんでしょと言われて。

そこで発想の転換をしたんです、「じゃ、その金額で私が買い取ります」って。相手はすごくすごく焦ってましたね（笑）。でも、その頃にはサロンのスタッフが全員私の味方だったから、「麗果さんがやめるなら私たちもやめます！」という状況で。スタッフが全員やめてしまってはサロンが成り立たないので、あちらは仕方なくその価格で株を私に譲ったんです。

仕事でのトラブル？
しょっちゅうです。
でも、誰かの悪口は言わない。
結果がすべてだから。

その時にね、相手が私のことをあれこれ言いふらしていました。
私？　とりあえず黙っていました。なぜって、結果がすべてだから。
書類は全部私が持ってるし、真実は私が知ってる。私が同じように悪口を言うのは同じレベルになってしまうからやめよう、って決めた。それに、悪いことをやってる人ってすごく喋るんですよ。傷ついている側の人はあれこれ言う余力もなくて、その話をしたくもないから黙ってる。加害者側、被告側は自分を守りたいから先手でめちゃめちゃ言うんです。

この話には後日談があって、元共同経営者は何年か後に事件を起こして逮捕されました。今になって、当時私の悪口を言っていた人から「あの頃は麗果ちゃんがひどいと思ってたけど、実は正しかったんだね」と連絡がきます。噂とか評判ってそんなもんですよ（笑）。

それにね、みんな結局は人間なんです。私に悪いことをしてきた人も、DV ふるってきた男も、たぶん理由があってそうなってしまったんだろうなと思います。そんな状況を話す余裕がなかったり、お金がなかったり、仕方ない面があるんですよ。だから極論すれば私も彼らのことを嫌いじゃないし、仕方ないって思います。だから私は、誰かの悪口は言いません。そんな暇があったら仕事したいですし。

最近のヒットは、まつ毛美容液。すでに市場にたくさんあって
なんで今さら？　って思いますよね。でも、それがチャンス。
いま、敏感肌の方がたくさんいるけれど、そういう方は使え
ないまつ毛美容液が多いんです。効果は欲しい、成分は妥協した
くない、でも刺激が強いものは使えない。そういった人のため
に開発したら、マーケットはニッチかもしれないけれど、オア
シスだから離れない。困って探してたどり着いたから、浮気も
しないんです。

発売して3ヵ月経った時、リピート率が93％だったのには私も
驚きましたけど（笑）。普通は定期購入のコスメって初回にリー
ズナブルに買って、すぐ解約しちゃうんです。離脱率が高くて、
5割残ればいいほう。なのに9割以上の方が続けてくださって
いるのって、皆さんが不満を持っていたからなんですよ。

敏感肌で、目が荒れたり色素沈着したり、まつ毛が短い、眉毛
が薄い……苦労してきた、コンプレックスのある私だからこそ
作れた製品。マイナスをプラスに変えればレッドオーシャンで
もファンは増やせる！　そう痛感してます。

056

3　麗果的仕事論

# あえてレッドオーシャンで戦う理由。

ビジネスにおいて、ブルーオーシャンを開拓するのって流行り<ruby>早<rt>はや</rt></ruby>ですよね。でも、私は敢えてレッドオーシャンで戦うスタイルを続けています。

なぜか。まず、ブルーオーシャンってすごく大変なんですよ。うまくいくかどうかゼロイチだし、客層を把握して、認知してもらって、という部分に莫大な労力がかかります。

競合がひしめいているレッドオーシャンは大変そうですが、見方を変えればマーケットができているということ。そこでどう差別化をするかがすべて。それがマーケティングの極意で、私はそれが得意なんですよ。マーケットができて成熟しているからこそ、そこにいる人には必ず不満があるんです。みんなが当たり前だと思っているけれど顧客が抱えている不満や不備を、どう解決するかが私のやり方。レッドオーシャンの中にオアシスを作って、そこに来てもらうんです。

# 病室で始めたコンサル仕事がうまくいって。
# 商品がすっごく売れた時、
# 人生のレールが戻った！　って思った。

今の仕事を始めた時は、離婚する寸前で、お金も仕事もなくて、お腹には子どもがいて。就職もできないような状況だったから、自分で起業するしか選択肢がなかったんです。よく「起業した理由は？」って聞かれるんだけど、それしかなかったの。

子どもが小さいからなるべく自由な時間の使い方をしたいなと思って。しかも、お金がないから商品を作るような自己資金はない。それで、よその商品をコンサルするところから始めたんです。とりあえず自分ができることってなんだろう？ってインスタを始めて、PR案件を扱うようになりました。

この時に気づいたんです、私の妄想癖が仕事になる！　と。小さい頃からマーケティング目線というか、ものを見ると「私だったらこうする」という見方を常にしていたんですよ。ドンキとか薬局行くのがすごく好きで、「なんでこの商品は売れてるんだろう？」「私がこの飲食店のオーナーだったらこうするのに？」っていつも考えている子でした。それに、私は英語ができるから、海外の情報に常に触れています。アメリカの化粧品やヨーロッパのマーケティングを日常的に見ていたから、いろんな視点でものを見られるのが強みだとわかったんです。

ゼロからのスタートでも頑張れたのは、お腹にはなちゃんがいたから。どんなことがあってもこの子たちを育てなくちゃ、って必死だった。

そんな得意を活かしてコンサル業をやった時。それは、自分の中にずっとあった矛盾がなくなった瞬間でした！　面白いほど数字に表れて、商品がすごく売れて。誰かの力やお金を借りたわけでもなく、親や男性に頼ったわけでもなく、誰かの肩書を借りるとかでもなく。生まれて初めて、自分でも認められる自分の成果ができたんです。それはもう、すっごく嬉しくて。何十年ぶりに我に返ったような感覚。おかえり、私‼

そこから私は変わり始めました。離婚の話し合いをしていてずっと我慢してた当時の旦那にも言い返せるようになったし、自信もついたし、どんどん強くなりました。

もちろんその先が天国なわけじゃなくて、そこからは新たな戦いですよ。いちばんの敵は、自分。男性に頼っていた自分とか、ラクしようとする自分とか、もう嫌だって言いたくなる自分とか。それに打ち勝たないとそれまでと同じことの繰り返しになってしまうから。

すでにお話ししたように、私が今の会社を作ったのは入院中。お金もない、人脈もない中で始めたから、全部ひとりでやりました。司法書士なんて雇うお金がもったいないから、ぜんぶ自分で調べて、定款を書いて、登記もひとりでやったんです。実家で子どもを見てもらえていたというサポートはとてもとてもありがたかったけれど、お金もスタッフも、誰からも援助してもらわずすべてゼロから始めたんです。

時々「どうやって起業したの？ やり方がわからない」なんて聞いてくる人がいるんだけど、そもそも、そういうことを聞いてくる時点でムリです。今の時代なら、起業の仕方なんて Google 検索すればすぐ出てきます。

そもそもリサーチしようって思う情熱がない、会社を自分で立ち上げるんだという意志、会社を作るために必要なことを調べようというガッツがないんだったら、会社なんてやっていけません。起業は誰でもできるけど、そんなマインドでは絶対に成功しないし続かない。

資金も人脈もない私でしたが、情熱だけは人の何倍もありました。「起業したいからまずスクールに通う」なんて論外。まずやってみる、動いてみる。そこからすべてが始まります！

# 「起業の仕方がわかりません」
# そう聞いてくるあなたには、絶対ムリ！

今運営している事業は5つ。ドバイとシンガポールにも海外支社を作っている最中。

# 麗果的子育て論

母子の関係は人それぞれ。
尽くす、頑張りすぎを求めないで

4

*Parenting*

私が育った家庭は、すごく特殊だったと思います。新聞社を経営しているお父さんはほとんど家にいなくて、お母さんが専業主婦で。お父さんのこともお母さんのことも弟のことも大好きだったけれど、仲のいい家族かと聞かれたらそうではなかった。明るい家庭で育ったかと言われたらぜんぜんそんなことはなくて、平和でハッピーな家庭に憧れていました。本当にいろんな事件があり、たくさんの葛藤があって、ようやく、それぞれとの絆が深いファミリーになれた感じです。

小さい頃から、親を親として見ていなかったかな。お母さんはひとりの女性だし、お父さんはひとりの男性だし。親としてのレッテルを貼るといろんな期待もしちゃったり、ほかの子と親を比べたりしてしまいますよね。でも、いろいろな出来事があって、「ひとりの人間だよね」と受け入れないと消化できなかったような感じです。

それぞれパンチが効いているというか、とても面白い家族であったのは確か。両親も私を一人前の人として扱ってくれたので、小学生の頃からイスラエル・パレスチナ問題について議論したり、世界情勢や差別について教えられたり。アメリカに行った時も、国連に連れていかれて差別についての展示を見たりしていました。そんな経験をさせてくれた両親に、今もとても感謝してる！

その影響か、私も子どもたちをひとりの人間として扱うようになっています。夜も一緒に寝ない。「子どもと一緒に寝ないの？」って驚かれることもあるんだけど、子どもだからこうしなくちゃいけない、っていうのは一切ない。うちの子どもたちはすごく早寝だから、7時くらいには自分でベッドに入ってます（笑）。一緒に寝るのを逆に迷惑がります。

正解なんてなくて、いろんな家族の形がある。いい形での寄り添い方が、その家族の正解なんじゃないかな。

いろんな家族があっていいのかなと
思えるようになった。
父親も母親も、
ひとりの人間なのだから。

ジムに行くと
「母親なのにそんなことに時間をかけて」って
言うあなた。
肉体が滅びてしまったらどうするの？
母親だからなおさら、
子どものためにも健康でいたいのは当然です！

④　麗果的子育て論

Reika Miyazaki  Manifester

子どもは大好きだし、癒やしでしかない。でも、ずっと一緒に
いれば大変なこともたくさんあって当然。

特に初めての育児では、わからないことだらけで。産後、鬱になっ
ちゃったんです。死にたいみたいな鬱とは違ったんだけれど、
ちょっとしたことで涙腺がゆるむようになってしまって。たと
えば、テレビで浅田真央ちゃんの見事な演技を観たら涙が止ま
らなくなって、号泣してました。そんなぐらぐらの状態が半年
くらい続いたかな。あと、なぜか授乳すると気持ちががっくり
落ちちゃう。「授乳で幸せホルモンが出る」とはよくいわれます
が、まったく逆に私みたいにすごく落ち込んでしまうタイプも
いて、専門的には不快性射乳反射というんだそうです。幸せな
はずの時期になんで私はこうなんだろう？　って、さらに落ち
ちゃう。子どもはすごく可愛いし愛情もあるんだけど、授乳し
た後は毎回、廃人みたいになっていました。だから、育児がツ
ライ、涙が出てしまう、落ち込むという人の気持ちが痛いほど
わかります！

私の場合は半年くらいしたら自然と立ち直ってきたんだけど、
体がもとに戻らなくて辛い人もいるし、子どもが可愛いと思え
ない人だっていてもおかしくないなと思う。出産ってそれくら
いに、体と心にインパクトを与える出来事です。

わからなくて当然。ツライと思う時があって当たり前。それを
ひとりで抱え込まず、シェアしたり助け合ったりしていけます
ように。

育児はわからないことだらけ。
抱え込まないで、ゆるやかに！

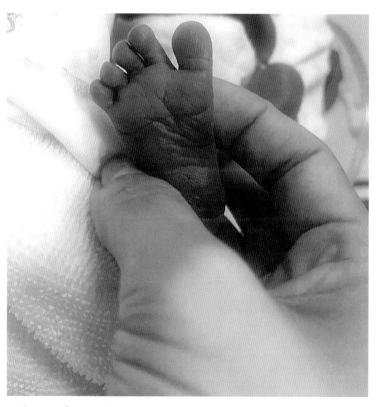

Reika Miyazaki  Manifester

# 子どもの感性ってすごい。
# めいっぱい一緒に楽しんでます。

父は建築家になりたくて建築学科に入ったような人だったので、小学生の時にヨーロッパ旅行でサグラダファミリアを見せられたりして。ガウディにはすごい衝撃を受けました。ピカソやゴッホを見てめちゃめちゃ面白いと感じたり。そんな経験があったから、大学でもアートヒストリーを副専攻にしてたくらい。

美術館はもちろんなんだけど、大人になって実際にギャラリーに行くようになって、アーティストの作品を見てもすごくわかる部分がたくさんある。そのことは、やっぱり今でも親にめちゃ感謝してます。ある程度の教養がある、バックグラウンドがある、いろんな経験をしてきたから感じるものがある。特に現代アートは、ただ可愛いとかただキレイとかではなく、メッセージ性の強い作家さんが多いから。

そして自分でもアートを購入するようになって、週末はしょっちゅうギャラリー巡り！　子どもたちも一緒に見て、時には描いて楽しんでます。

④　麗果的子育て論

頑張りすぎてるお母さん、多くない？
べったり過ごさなくてもOKですよ。

子どもたちが本当に可愛いからできる限りのことはするけど、無理はしない。だって、私がキーッてなったらおしまいですよね。「子どものために尽くす」という考え方も素晴らしいけど、それゆえに自分がツラくなってきて、その姿を子どもに見せていたら逆効果。だったら無理はしないほうが自然ですよね。

ツラくなるなら「ごめん、今日ママ疲れてるから外にご飯に行こう」でいいんです。肩の力を抜きましょ！　見ていると、すごく真面目に頑張りすぎてるお母さんが多いんですよ。

私は完璧な母親じゃないし、子どももそれを期待してない。「ママ疲れたー！　ごろごろしよう！」なんていうのはしょっちゅう（笑）。なんでもしてあげる優しき母親じゃないんです。「トイレ！」って言われたら、まずは「自分で行っておいで」。そして、自分でできたらめちゃくちゃ褒めるの。そうすると率先してどんどんやってくれるようになりますよ。

ぜんぶレールを敷いてあげることが子どもにとって幸せかといったら、そうじゃない。それは、自分が身をもって経験し、よくわかっています。失敗させてあげることも大事、すべてを与えないことも大事。

ママはあなたのことを愛してる！　絶対的な味方だよ！　ということは毎日伝えてるけど、べったり過ごす必要なんてないし、何をやるか、何を選ぶかは本人たちが決めればいい問題。

何かを教え込むのではなく、お世話を焼くのではなく、自分たちがいい生き様を見せること。いくら教えても、自分たちが行動で示さないと、子どもには伝わらないですから。遊ぶ時は一緒にめいっぱい遊び、時には背中を見せる。べったり一緒に過ごさない。それが我が家のリアルな子育てです。

母親像っていろいろ。
向き不向きもある。
どんな母親になるかは
自分で決めればいい。

東南アジアとかアメリカだとお手伝いさんがいて当たり前、みたいな文化がありますよね。日本はそこにコストをかけることを極端に嫌いますが、私は母親像っていろいろあっていいと思っています。

たとえばプロのベビーシッターさん。見ていると、シッターさんの遊び方って素晴らしいんですよ。私が子どもと遊ぶ時とぜんぜん違って、テンション高く同じ動き、同じ遊び、同じおしゃべりができる。せがまれたら何度でもできる。見ていると感動しちゃうくらい。

でも、それを母親である私もやらねばならないというムードは、私は理解できません。人間、向き不向きがあるでしょ。私には、あんなテンションでずっと子どもと遊ぶことはできないし、向いていないと思います。

でも、仕事をして稼いで、めいっぱい遊んでくれるシッターさんをお願いするのも母親のあり方のひとつです。特に仕事をしていると、クタクタになって家に帰ってまで100％の母親になるって、体力的にも無理じゃないですか？　だったら無理せず、子どもとの遊びが得意なシッターさんをお願いするのも全然あり。うちの子どもたちはいろんな人に育てられてるから、それはそれで健全なのかなとも思います。

もちろん、土日に自分が子どもと向き合う時は全力です。ある意味、仕事よりも疲れる！（笑）そうやって緩急つけて、向き合える時はしっかり向き合って、というのが私という母親です。

育児のストレス？　ゼロです！
だって、大人と付き合うほうがストレスじゃない？
子どもはめちゃくちゃ無垢だし、愛情あるし、
裏切りもないじゃないですか。

子どもを相手にしていると
体力的にはもちろん奪われるけど、
精神的にはすごくすごく癒やされる。
私が子どもなのかな（笑）。

## 麗果的SNS論

### 炎上を超えて
### SNSを救いのある光の場にしたい

5

*Social Network*

実は先日公表した妊娠の前、夏前に妊娠をしていました。その当時、すごいSNSでバッシングを受ける日々で。
何をするにしても毎日誹謗中傷を受け、家族でディズニーに行ったことが大炎上したり。

2人の結婚は授かり婚ではなかったですが、勝手にそういう憶測をされては「結婚しない方が絶対よかった」とか「そんな女と子ども作ったらやばいよ」って言われたり。「あの女は子どもを産むことしか考えてない」とか。本当にありえないレベルのひどい言葉を毎日送られて。そのストレスも大いにあり、妊娠4ヵ月で流産の手術を行いました。
仕方ないことだったけど、すごく辛い経験ではありました。
その時期私が「いや、本当にアンチされるって辛い」という発信をしたらアンチ側は「アンチされる側が悪い、こっちがお前の存在で被害受けてるんだよ」と言われ続けて。
最初はずっと我慢してたました、旦那さんのファンに言い返すのは良くないって風習があったので。けど啓司さんが実際に家族に被害が出てて立派な犯罪だから、そういう人はファンではないし、我慢せずにもう戦っていいよ！ って言ってくれたので。情報開示請求をしたり名誉毀損の裁判を始めました。

流産というとても悲しい出来事が起きたことも
今までこの経緯をきちんと喋ったことがなかったですが。
すごく大事なことかなとは思います。
色んな意味で命を落としてしまうようなことになりかねない、誹謗中傷。
SNSでは見せることなかったですが
深く2人で悲しんだ時期ではあります。

スーパーポジティブで、大好きなパパ。
叩かれてもへこたれない、前向きな姿勢も大好き！

経歴すべて事故物件と言われたこともある私ですが（笑）、つまり個性だらけの人だと思えるようになりました。それをぜんぶプラスに変えていったから。超苦労人でもなく、健康もメンタルヘルスも崩れまくった時期があるからこそ大切さがわかるし、家族を大事にできるし、自分を大事にできるんです。

でも、ちょっと前までそういう自分をすごく恥ずかしいと思っていたし、そんな自分をさらけ出すこともできなかったし、思い出すだけでもツライ時期がありました。これを読んでくれている人には、そんな時期どまんなかの人もいるかもしれません。そんなあなたに声を大にして言いたい！　それは成長痛みたいなものです‼

痛みを痛みとして受け入れて、自分のネガティブに向き合えば、「私はこういう人間なんです」と言えるようになります。そして変われます。人に話すって認めることだし、自分と向き合い、自分を理解する上で必要なことだと思う。別に自慢することではないし、みんながツライ経験をカミングアウトする必要はないけど、私の場合は隠そうと思っても SNS でいろいろ言われてしまうし、通らなければいけないプロセスだったし、使命なんだなと思いました。

# SNSで救われることってあると思う。
# 情報交換してみんなが輝く、
# 光の場にしましょ！

最初は勇気も必要です。慎み深さを美徳とする日本にあって、どこまで言っていいのかという逡巡もあります。摂食障害や DV など、詳細を書くとそれで触発され PTSD になる人もいますから、表現の仕方には最大限の注意を払う必要もあります。でも、私はそうやって表現することで自分に向き合うことができたし、これからも向き合い続ける。

私のママ友で、モラハラを受けている人がいるんですね。匿名でブログを書いていたらオンラインのコミュニティができ、すごく救われたと話していました。SNS はそういうツールのひとつになりうるし、私もそういう情報交換の場にしていきたい！おかしな誹謗中傷が飛び交う闇の場ではなくて、光の情報交換の場にね。自分ひとりで抱え込まなくていいし、オンライン上に居場所があってもいいと思います。

SNSやっててよかったこと？
多すぎてわかりません。

でも、私がおすすめした商品で人生が変わったとか、
ライブ見てて考え方ががらりと変わった、
自殺しようと思ってたけどやめたっていう人までいるんです。

特にシングルマザーの方がすごく多くて。
めちゃくちゃ苦しい時に、私もそうだったよ、すごくわかるよ、
今は幸せ貯金してるんだよと話したら、
救われたって反響がすごくあったの。
そう言われると私も嬉しいし、ツライ経験も報われます。

民主主義の世の中だと多数決で決まっちゃうけど、
マイノリティの声もやっぱり大事。
女性の声、シングルマザーの声、起業家の声。
少数派の代表として、
発信はしなくちゃいけないことのひとつだと思っています。

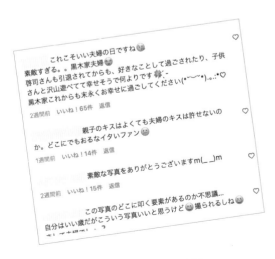

Reika Miyazaki  Manifester

# 「映え」の時代は終わり。
# 麗果流のバズらせルール。

私は、日本一のインフルエンサー、マーケターだと自任しています。デジタルマーケティングを、私ほど理解している人はいない、って。

これまでのデジタルPRって、ギフティングして、その写真をハッシュタグつけてのせてもらう、というのが主流でした。でもそれが今崩れてきていて。みんながインフルエンサーになってしまったんですよね。その中にはフォロワーを買っている人も多いし、そもそもの影響力がない人がインフルエンサーを名乗っていたり。フォロワーが多くても、それが彼女の男性ファンばかりだったら、メイクやスキンケアのマーケティングには向かないですよね。

だから、今はすごい勢いで淘汰されているんです。信憑性があり、フォロワーの属性をきちんとわかっている人がインフルエンサーとして生き残っていく。誰の写真も映えるから、ただ写真がキレイなだけだと流し見になってしまう。

そういう中で私が大事にしているのは、リアルを発信すること。虫眼鏡（検索窓）で調べるとたくさんの写真が上がる。では、どんな写真だったら興味を持ってもらえるか？　をひたすら考えているんです。

いろいろやっていると、いちばん人気が高いのは家族の日常。映えばかりの世界になっているから、等身大のほうがウケるんです。インスタライブだって、私はすっぴんが基本。D to C より P to P の時代だから、ありのままがいいんです。

たとえばハロウィンの時。
女の子はめちゃめちゃ露出するんですよね。
だから私はあえて、真逆をいきました。
まさかの露出ゼロ（笑）。

皆さん、自分が何を求められているか
案外考えていないんです。
たとえばエステサロンを経営している方が、
自撮りやアフタヌーンティーばかり上げていたり。
でも、デジタルはぱっと流れていくから、
ひとつの写真で何を伝えたいか、
一瞬でどうわからせるかは考えなくちゃ。

インフルエンサーが政治的な話をするのは
良くないって誰が決めたの？
悪いことをしているわけじゃないし、
私が正しいと思っていることを
私のアカウントで発信して悪いわけがない。
それに、美容より政治のほうが大事です！

「そんなこと、普通は言わないよ」って言われるなら
私は普通じゃなくていい。
ニュースタンダードを提唱していきます。
そう言ったらすっごく共感してくれる人がいて。
「普通じゃなくていい」という考え方が
新鮮で勇気をもらえた、って言われた。

普通じゃなくていい。
いろんなあり方があっていい。
同調せず、ただそのあり方を認めてあげることが
大事だと、いつも思っています。

時代や場所が変われば「普通」の基準も変わる。
世界にはたくさんの人がいて、素晴らしい場所がたくさんあって。
そんな中で意見を言わない、イイ人でいると
「つまらない人」ってなっちゃうんです。
だから私は、バンバン発信していく！

Reika Miyazaki  Manifester

# 誹謗中傷を、我慢はしない。
# 大切な人たちを悲しませたくないから。

SNSでの炎上ってしょっちゅうだし、普通にネガティブなことを言ってくるだけならただの通りすがりの人だからどうでもいいと思ってたんです。自分には関係ないし、意味のある言葉じゃないし、ただの呪文。意味をもたせるかどうかは自分次第だからと、ずっとスルーしてきました。

彼とは結婚前に同棲を始めたんだけど、そのデート姿を週刊誌に撮られてしまって。確かに、家の前にずっと、不審な車がいたの。「誰も私たちに興味ないから」って私は笑ってたし、どうせ結婚するからと思って放っておいたんだけれど、それが記事になった時の誹謗中傷が想像以上でした。

SNSがいちばんひどく荒れたのが、入籍した日。SNSで叩かれまくって、Yahooニュースに上がったらTwitterが祭り状態になって、メンタルをやられてしまって。どうせ離婚秒読みとか北朝鮮のスパイの娘がとか、事故物件な女とか……見ないのがベストとはわかっているものの、彼の立場が悪くなったり、擁護してくれた友達に「あなたも最低」ってDMがきたり。有名税なんてとんでもない。みんな、親もいるし兄弟もいるし、家族もいて、友達もその人たちまで傷つけてしまう。

そう考えるようになって、今では弁護士さんに入ってもらっての情報開示請求を増やしました。特に、ニュースの体裁の記事にひどいコメントをつけられると、その嘘を信じてしまう人も多いのは大問題。誹謗中傷、名誉毀損にはきっちり対応していきます。大切な人を、才能を守るために。

それと、もうひとつ気になるのは、日本人が日本人に対して差別的なこと。ブルーノ・マーズのライブの最前列が 15 万円でも誰も文句言わないけれど、日本人アーティストが同じことをやったら「ファンからお金を取ろうとするのは良くない」ってなるでしょ。トップの美容師さんに髪をカットしてもらっても、日本だとせいぜい数万円ですよね。海外だと何十万取るトップスタイリストもいます。

すごく才能ある人、技術ある人に何かをしてもらったら相応の対価を払うのが当たり前だし、それでお金が集まればもっと面白いものが見せてもらえて、さらに素晴らしい技術に触れられるのに。それを批判することでエンタメが死んでしまっていると思うんです。

*Reika Miyazaki Manifester*

大バッシングを引き起こした、この写真。

「ファンへの配慮がない」
「使った金を返せ」という声が
多かったのだけれど、
いつから著名人はファンの奴隷になったの?
その人の才能にお金を払っている、
歌が聴きたいから、
パフォーマンスを観たいからと選んで
お金を使っている。
才能に対価を払っているわけですよね。

だからといって
その人がぜんぶ自分の意のままになる、
自分の思う像にハマると思うのは
おかしなこと。

# 麗果的開運論

矛盾をなくし、
次元を上げる。
自分の可能性を狭めないで

6

*Fortune*

神社はめっちゃ行く!
運気マニア。
でも自分の幸せはお願いしません。
正しい方向にみちびいてください。
そしてその分、社会に恩返ししますと
神様にお話しします。

毎日何万人もの人がお願いをするわけでしょ。神様だって選ぶ
権利あるから、ちゃんとしたお願いをする人を応援したくなる
はず。私だけを幸せにしてくれたって何も生まれないんだから。

だから「私を通していろいろやらせてください」と毎日神棚に
も手をあわせてます。自分だけの幸せとか子どもたちの幸せと
かではなく、もっと視野の大きな祈りを。どうしたらたくさん
の方に良い影響をシェアできるか。

お金がない時も、大変だけれどお賽銭は必ずお札、というのも
こだわっています。はなちゃんを妊娠中の、離婚問題でもめて
いる時に、なけなしの1万円札を入れてお祈りしたんです。「助
けてください。お返しに私はいろんな人を救うことを約束しま
す」と。そうしたら、妊婦でバズり、翌週にインスタのフォロワー
が5万人増えたんです。そこからもう、運気マニア(笑)。

*Reika Miyazaki Manifester*

恋愛も仕事も、
矛盾があるとうまくいかない。
「自分らしく生きる」って、
矛盾をなくすこと。

よく開運の秘訣を聞かれるんですが、ハッピーのあり方、幸せの基準、目標って人それぞれ違いますよね。でも、そういった中で自分の矛盾をなくすってすごく大切だなと思います。

矛盾をなくす作業を始めるのが大事だったと、自分に関してはすごく思います。自分に嘘をついていたり、ごまかしていたりするうちは何も始まらない。生まれ持っている才能や資質、特質や特徴ってあるじゃないですか。それをやっぱりフルで活かすのがベストですよね。たとえば、めちゃめちゃ数字に強いのにすごくアーティスティックな仕事をしていたら、それも矛盾。矛盾をなくすって、自分が本来もっている良さを引き出す作業なんだと思うんですよ。

前の結婚の時、私は自分に嘘をついて、ごまかして毎日過ごしていたと思う。とりあえず生活させてもらってるんだ、って自分をごまかしていた。でも、そもそも我が強いタイプだし、生活費をいただいていたら黙っているタイプじゃない。自分にたくさん嘘をついて暮らしていたんです。これは相手への批判ではなく、自分がサバイブしていく上で何を大事にしているか、という意味でね。

私の友達で、ずっと同性愛者だっていうのをごまかしていた人がいるんですよ。自分でも本当はわかっていたのに、ずっと彼女がいて、ゲイだということを自分自身にも隠していて。それって矛盾ですよね。そんな矛盾を手放して整理したら、すごく輝き始めたんですよ。そして幸せそう！　自分らしく生きること、矛盾をなくすことって、自分の良さを引き出すことなんだと思います。

*Reika Miyazaki   Manifester*

「幸せになりたい」と
考えないようにしています。
幸せばかりだと、
絶対によくないこともやってくるから。
陰と陽で世の中うまくバランスとれてる。

自分のことは隠さず話していくと決めたし、思ったことはなん
でも言うから「めちゃくちゃ強い女性の代表」みたいに言われ
ることがあるんですよ。でも実際は真逆。

超もろくて繊細で、ずたずたにされてきた。両親は喧嘩ばかりで、
常にピリピリした環境で生きてきました。裕福だったし恵まれ
ていたと思うけれど、温かな家庭だったかといえばそうではな
い。お父さんとお母さんが仲良く手をつないでいて楽しいなと
思った瞬間ももちろんあるけれど、基本的にはすごい状態が当
たり前だったんですよ。

たくさんのものを与えられたり、環境や人間関係に恵まれてい
る人って、光の人生だなと思いますよね。でも、陰と陽じゃな
いけれど、絶対に両方ある。人からすごく羨ましがられた幼少
期だけれど、光も影もあった。

だから、私が絶対の軸として大事にしているのは「有形のもの
を追い求めない」ということ。有形のものが多いと、無形の苦
しみが降ってくるから。幸せばかりだとよくないことも絶対に
起きるから、バランスよく生きていきたいな。いいことばかり
の人生なんてないんです。

*Reika Miyazaki Manifester*

私もずっと、自分に向いていることなんてわからなかった。だからこそ、まずは自分の矛盾と向き合うことで運は開けると断言できます。

20代前半の頃、モデルやタレントとしてお仕事をいただいていても、トップになりたい、もっと上へ行きたいという意識はゼロでした。有名になることへの執着がなさすぎて、マネージャーによく怒られましたね（笑）。同じ時期に、知り合いの会社でマーケティングの手伝いをすることがあって、いろいろ考えるのが楽しかったんですよ。その頃から「私は裏方が向いてる」と漠然と考えるようになりました。

その頃ちょうどセレブタレントみたいのが流行ったんですよ。その枠で出るようになって、さらに矛盾が深くなった感じ。バックグラウンドだったり親だったり育ちだったりでセレブと言われるのもわかるんですけど、自分で稼いでて、仕事してて、別にセレブな生活なんてしてなかった。一般的な大学生よりはお金があったかもしれないけど、ヨットがあって、クルーザー持ってて、レースに出てみたいなセレブではない。なのにセレブ枠で出るのってきつかったし、自分にも視聴者にも嘘をついていましたね。お金を稼ぐ大変さを噛みしめる毎日だったのに、セレブ枠として出ると「すぐ買って捨てちゃう子」みたいに思われがちなのも苦しかった。

24歳の時に芸能界をやめたいと話したら、びっくりされましたよ。でも、自分としてはこれがやりたいことじゃない、すべてリセットしたい、と。とりあえず逃げ出したかったんですよね。

一度、誰も私のことを知らない環境に行きたいと、台湾に留学をしました。楽しいし住みやすいし素敵な場所でした。でも、矛盾から目を逸らしているから何も生まれることがなかったのも事実。その後もたくさん苦労して、失敗して、自分と向き合って初めて、向いていることがわかってきたんです。

自分に何が向いているかなんて、
やってみなくちゃわからない。

# 年に一度くらい、スランプはある。
# そういう時は受け身になるのも大事！

5月病みたいな感じで、何をやってもうまくいかない時ってないですか？　私は年に一度くらいあります。そのモードに入っちゃうと1ヵ月くらい続く。自信をなくして落ち込みます。

そういう時って焦るからいい判断もできなくなるので、ひたすら受け身。攻撃しても勝てないし、守りの態勢だって大事でしょ。受け身でいる時にいい仕事の話が来たりするんですよ。スランプになったり自信がなくなった時は「まあそういう時もあるのかな」と思えるようになりましたね。

もうひとつ、これはなにごとにも当てはまるんだけど、困難を乗り越えるのが快感っていう部分があって。ドM生活をしてきたから、何かツライことがあっても「こんな大変なのがキター！」って思えるようになりました。大変なことが来て当たり前だし、それをやって当たり前だし、苦しんでも当たり前。それを乗り越えたらもっと強くなれる！　って思う自分がいる。

乗り越えるしかないし、生きるしかないし、どうせ生きるなら勝ちたいですもんね。私は自殺未遂をしたこともあるんだけど、そんなに簡単に死ねなかった。その時に、だったら生きるしかない、って根っこのところで腹を括れたのだと思います。

誰だって、生きる意味がわからないと思う時があります。20代の私は、ずっとずっと思っていました。離婚する時も思いました。でも、とりあえず生きてくることができました。だから、開き直りでいいと思ってる。難しく考えすぎず、突き詰めず、まずは前を向いて生きること。明けない夜はないのだから。

Reika Miyazaki  Manifester

たとえばすっごくイライラした時。ちょっと深呼吸してみて。そうするとどんどん、「私、今すごく怒ってるな」というふうに客観視できるようになってきます。あ、今、動悸もすごいな、私はイライラしているんだなと観察できるようになればしめたもの。感情を自分と切り離せるようになります。

そうすると、悩まないようになるんですよ。よく「悩むことに悩む」タイプの人がいるけれど、それが無意味であること、非効率的なことにも気づけると思う。悩んでいても現実は変わらないし、余計な時間をとられるだけ。すべきなのは「悩むこと」じゃなくて「解決すること」でしょ？

かくいう私はすごく感情的な人なので、めちゃめちゃ悩んでいました（笑）。そこをケアし、トレーニングすることでようやく、前に進めるようになったんです。瞑想はおすすめ！　もちろん、さまざまな感情は生まれるんです。でも、それを「私は怒ってるな」「今悲しんでる」と切り離せるようになることで、現実に対処できるようになりました。

啓司さんと喧嘩した時に「みんな麗ちゃんみたいにロボットじゃないから！」って言われたことがあります（笑）。すごく感情的な私でも、それくらいに客観視できるようになったんです。感情を手放して、前に進みましょ！

# 感情に左右されないこと。
# 現実は別のものだから。

ReikaMiyazaki Manifester

よくインスタでも話していますが、『Pay It Forward』っていう映画が大好きで。誰かが何かをしてくれたら、違う人にお返しをしようという考え方が大好き。私がすることが、ハッピーの連鎖を生めばいいなといつも考えてるんです。

たとえば母の日。インスタを見てくれているお母さん20人に、スタバのギフトカードをプレゼントしたんです。その時に「もらえた、やったー！」じゃなくて、そのハッピーを誰かにもおすそ分けしてねと話しました。誰かに優しくする。誰かとシェアして美味しいコーヒーを飲む。自分が誰かにごちそうする。私のプレゼントが、ハッピーの連鎖のスタートになったらすごく嬉しい！

カトリックのインターで育ったから、身近で支援を見てきたというのもあります。国連の方などたくさんのスピーカーの話を聞いてきました。だから、人のため、社会のためという意識が根っこにあるんでしょうね。私にとって、寄附もチャリティー活動も、絶対やらなくちゃいけないもの。やらなくなったとたんに神様に見捨てられると本気で思ってます。

今はまだ影響力も小さくて、大したことはできていない。ようやくスタートラインに立ったばかり。でも、社会貢献はチリツモなんですよね。幸せの連鎖で、絶対に世の中を変えていきます！

# 寄附、すごくします。
# チャリティー活動もする。
# チリツモで世の中を変えていく！

# 次元を上げるということ。

仕事が大好きだしたくさんの経験をしたいし、わりといろんなことが自分でできちゃうから「あ、私やります」というスタンスでやってきました。

でも、それに待ったをかけたのが啓司さんなんです。仕事の相談をすると「ここはまだ出ないほうがいい」とか「その雑誌に出る人、麗ちゃんじゃなくてもよくない？」なんてことはしょっちゅう。私はもっと成長したいし下積みしている感覚でいるのだけれど、なんでも引き受けすぎなんだと気づかされた。その次元でやっていても仕事はできるんですが、すごく時間がかかるし、自分じゃなくてもいい仕事に忙殺されることになっちゃう。いい子になってなんでも引き受けるのって、「自分はもっと上のレベルなんだ」というプライドがないこと、自己肯定感のなさの裏返しなんだと思いました。彼と出会ったことで、すごくスケールを大きくしてもらったと思ってる。大きな枠で考えられるようになれば、もっと大きな仕事をできるし、たくさんの人を救えるし、みんなでハッピーになれると信じてる。

「今の私はこのくらい」「私なんてまだまだ」と、自分にリミッターをかけないこと。自分の可能性を自分で狭めないこと。そうすれば、未来はもっと開ける！

家族でアマネムに泊まった時のもの。
こういった旅行に両親も招待できる自分、
数年前には想像できなかった。
でも、それって自分にリミッターをかけること。
自分の可能性はもっと広がる！　と信じ続けます！

*Reika Miyazaki  Manifester*

## 麗果的お金論

お金はツール、
ゴールじゃない。
だからいちばんの投資先は自分

7

Money

# お金は、やりたいことを
# 叶えてくれるツール。
# その先のゴールを見失わないで。

お金は大切だけれど、私にとって、やりたいことや自分の夢を叶えるため、何かを手に入れるための道具みたいなもの。お金を稼ぐのが「何のため」なのかのほうが大切ですね。

お金に執着してしまうと、その先のゴールを見失いがち。たとえば「このバッグが欲しいからお金を稼ぐ」なんてめちゃめちゃ浅はかなんですよ。なんでこのバッグが欲しいのかを考える。自分を良く見せたいのか、お洒落になりたいのか、資産を増やしたいのか……もっともっと突き詰めて稼ぐ理由を明確にすると、ずっとラクになりますよ。

もちろん「あのバッグが欲しい」という小さいモチベーションも必要なんですが、長続きしない。それに、お金を持てば持つほど幸せかといったら、ぜんぜん違いますよね。何が大切かは見失わないようにしているし、見失わなければ、自分も周りの人も幸せにできる。選択肢を広げてくれるツールだと思っています。そして見失わせるような方向にみちびく人間関係は整理する。環境も大切です。

人間の幸福度って、ある程度の収入を超えるとそこから先は収入が増えても変わらないんですって。その先の幸福度を変えるのは何かって言ったら、貢献活動。

自分の私利私欲には限界があります。その次に来るのは、社会のために役立ちたいという慈善活動や、歴史に名を残したいといった名誉欲。自分で稼ぐようになってつくづく実感しました。

たとえば200万の時計を買った時と、4000万の時計を買った時。その喜びって、そんなに違わないんですよ。もちろん達成感はあるんだけど、手に入れる所有欲ではなく、「これを自分で稼いで買えるようになったんだ」という喜び。しかも、手に入れることで生じるストレスもある。次も何か買わなくちゃ、みたいなね。

でも、そういうことをやっててもキリがない。モチベーションってお金ではなく、もっと違うところから生まれてくるんです。経営していると「自分のモチベーションを自分で作り、保つ」というのがとても重要になるけれど、それはお金ではないんです。

今まで、お金がもたらしてくれたいちばんの喜び？　子どもをインターに入れられたことかな。私の母校に入ることができたのです。シングルマザーになった時に「親が私にしてくれたことが、私にもできるかな」と不安だったんですね。そして同時に、私も子どもの学費を払えるようにならなくちゃ、というのが仕事を頑張るモチベーションになりました。

インターに入れることができて、私が幼稚園の時に着ていた制服を着たはなちゃんを見た時は、もう嬉しくて嬉しくて。どんな買い物よりも誇らしかったですね。

200万の時計と、4000万の時計。
買った時の喜びが20倍になるかといったら
そんなに違わない。
お金なんてそんなもの。

念願のロールス納車。
欲しいものを自分で手に入れられるっていうのは
やっぱり嬉しい。
でも、モチベーションになるのはお金ではない。
みんなの声や家族の笑顔です！

Reika Miyazaki  Manifester

117

# 銀行口座に100円しかない時と
# 100万円ある時。
# どっちが余裕ある？

お金に余裕があれば行動にも思考にも余裕が出るし、余裕がなければ焦りにもつながる。お金で余裕が作れるというのは事実だと思う。

ありがたいことに、小さい頃の私は好きなものをなんでも買ってもらえたんですよ。我慢ってわからなくて、本も毎月何万と買ってもらえて、服もクローゼットいっぱいにして。なんでも買えるからこそ「本当に好きなものを買おう」という余裕がありましたね。

18歳で学費以外の援助はぴたっと止まったのですが、それまでいい生活をさせてもらっていたので、そうなれるように頑張らなくちゃという精神が芽生えた。でも、はなちゃんを妊娠中に離婚し、お腹の子が育っていないと入院した時は無一文でした。スタバってこんなに高いんだ！　と気づきましたね。その時はすごくイライラして余裕がなかったし、ちょっとスタバに行ってフラペチーノを飲めることがどんなに優雅か、そんなひとときで一日がどんなに変わるか、お金がどんなに大事か痛感しましたね。強烈な経験でした。

ReikaMiyazaki Manifester

# 株も外貨預金も投資信託も
# ちょっとずつしてるけど、
# いちばんの投資先は自分！

大学で経営学や経済学は学んだけれど、私のお金管理や資産運用方法は、成功者のマネ。周りで成功している方を参考にしつつ、リスクヘッジを考えて株など一般的な投資を少しずつしています。

でも、私にとって、いちばんお金が増える投資先は自分自身。よく知らない会社に100万預けるよりも、自分の会社に入れてビジネスを広げたほうがリターンが大きいですね。

大きな買い物も投資として考えています。アート、ジュエリー、車、時計、バッグ……。見た目が好きだからという理由だけで買うことはないですね。今はインスタのアカウントや相場比較のサイト、アプリなど無限に情報源はあるから常にチェックしています。

そういった投資価値のあるものは、お金があるから買えるというものではありません。アートなら一点物だし、時計やジュエリーも日本に何個、世界に何個ということがしばしば。手に入れるためにはしょっちゅうギャラリーに行くし、宝飾店に行きます。特別扱いされているわけではなく、頻繁に足を運んでいるんですよ。行動力がなければ、投資に値するものには出会えません！

そして、最後はやはり「人対人」。お店の方も人間だから、希少なものを態度の悪い人には売らないと思います。各ブランドの担当さんとのお付き合いはとても大切にしている。売る側もお客さんも、対等な関係ですから。

7 麗果的お金論

ReikaMiyazaki  Manifester

可能性は無限だけど、時間は有限。
だからプロにどんどんお願いする。
私は、私にしかできないことを
やっていきたいから。

仕事してて最近めちゃくちゃ思うのが、時間って本当に有限だなってこと。人の可能性は無限大でも時間は有限なので、その一分一秒をどう使うかがすごく大事。そういう考え方の人とあまり出会ったことがないんだけど。

仕事の時も「これは私じゃなくちゃダメなのか？」を考えるし、プロにお願いできる部分はどんどんお願いするようになった。たとえばネイルは自宅に来てやってもらってる。そうすると、ネイルしながらZoomとか仕事できるから効率的。運転手さんをお願いするようになったのも、そんな時間節約のため。運転するのは好きなんだけど、移動中にも仕事できるし、駐車場を探す時間もいらなくなった。あと、家でいえば掃除！　料理は好きなんだけど掃除はぶっちゃけ苦手なので、プロの方にお願いできて本当に助かってます。

飛行機も小さい頃からずっとビジネス。たまにエコノミーに乗ることもあるけれど、長時間のフライトだと、現地に着いた時の疲れ方がエコノミーとビジネスでは全然違うんですよ。時間って有限だから、同じ時間を現地で過ごすならビジネスで行ったほうが絶対に有意義だと思う。ファーストは、今は家族での移動が多いのでコスパが悪くて乗らないけれど、家族移動はビジネスが多いです。啓司さんは「俺と子どもたちでエコノミー、麗ちゃんはビジネスでいいよ！」って言いますけど。

# お金の使い方、ワースト・ワンは飲み会です！

ラグジュアリーには2種類あります。物理的なものと、無形なものと。お金を使うなら、その2つのバランスをうまくとるのが大切。

たとえば30万円でコートを買ったら嬉しいですよね。でもその嬉しさって一瞬です。もちろん長年ずっと使うのであればいい買い物ですが、人間の心理として「次も買わなくちゃ」「もっといいものが欲しい」ってなりがちなんですよね。

でも、同じ30万円を家族旅行に使ったら、一生の思い出ですよね。「麗果はお金があるからそう考えるんだよ」なんて言われますが、限られたお金なのだから、使うことが自分の幸福度にどう関わるのか、きちんと見極めなくちゃ。

いちばん無駄だったなと思うのは、20代の頃の飲み会（笑）。今はお酒を飲まないのですが、「飲みニケーションも大事じゃない？」とよく聞かれます。でも、お酒を飲まなくても楽しく過ごせるし、大切な話がサクサク進むから、むしろ効率的なんですよ。付き合いが悪いと思われても別にいいんです、仕事に影響はないから。

20代の頃は「飲みにいくと友達も増えるし、人脈も広がる」って思っていたんですが、そんな友達も人脈も、今はまったく残ってないですからね（笑）。その頃の友達と昼間に会って仕事の話をしたこともないし、なんなら人脈が広がってトラブルも増えるし。一緒に飲まないからと離れていく人なんて、たいした友達じゃないんですよ（笑）。

Reika Miyazaki   Manifester

# よく聞かれる、
# パートナーとお金のこと。

啓司さんと私はなにごともオープンな関係なので、お互いの収入は把握しています。その上で、あちらのお金に私はタッチしないし、私のお金に彼が触れることもありません。協力はするし、自分のお金はあなたのお金だよ、とお互いに話していますし、資産運用の話はしますが、お互いに独立している感じ。ただ、ポイ活はめっちゃするんですよ(笑)。馬鹿にならないので、どっちのカードで買ったほうがポイントが多くつく？　なんて、真剣に話しますね。

笑っちゃったのは、啓司さんが引退した時に「無職の男性とよく一緒にいられますね」って言ってきたり、彼をニート扱い、ヒモ扱いする人がいたこと。貯金も資産もあるし、表に出ないだけでちゃんと仕事してますよ。仕事の話もお金の話も、2人でよくしています。大事なことだから、きちんとシェアしないとね。

# 麗果的美容論

心と身体を健やかに保つ。
キレイはそこから始まる！

## 8

## Beauty

パーツが超美人じゃなくても
笑顔がキレイだったり
立ち居振る舞いが美しければ最強！
美は生き様なんだよ。

私はよくアンチの人に、鼻がめっちゃでかいって言われます。そうかもしれないけど、それが私の特徴で、これが私の鼻なんです。こんな鼻で、こんな目で、こんな口だからこそ私は私なんです。

みんなと一緒の量産型じゃ意味がない。それよりも、個性を大事にすること。パーツが美人であることより、笑顔が魅力的なこと、立ち居振る舞いが美しいことのほうが私には大切。

肌は決して強いほうではなく赤みが出やすい敏感タイプなので、少しでも強く保てるようにケアは入念に。スキンケアだけじゃなくて、食事も運動もバランスよく、を心がけてる。健康的で揺らがない肌を育てて、普段のメイクはミニマムに留めるのが心地良い。

気になるパーツは弱みじゃなくて、個性です。とらえ方ひとつで変わるし、そんなポジティブなマインドこそが美しい！と私は思っています。

加工なし、リアルなドすっぴんの私。
眉とアイライン、リップはアートメイクが入ってるから、
すっぴんで外出しちゃうこともよくある。
眉毛　@mesm_medical_skin_make
アイライン　@mesm_medical_skin_make

*Reika Miyazaki　Manifester*

一に腸活、二に運動、三に睡眠。
スキンケアはその次！

美容はめちゃくちゃ大事。ただ、よく"外見重視"と勘違いされがちなのは残念。そうではなく、美容は自分と向き合う時間。睡眠時間が短いとか、食生活が荒れたりしているとてきめんに肌に出ますよね。内側から磨けば健康的になるし、キレイになるし、最高だと思いませんか？　それに、キレイになっても誰も損しない。自分も周りもハッピーになる、それが美容なんです。

中でも私が大事にしているのが腸温活。便秘の時はイライラしたりと、腸ってメンタルに直結してますよね。腸は「第二の脳」と言われるくらいで、ホルモンバランスにも関わります。

だから、料理に白砂糖は使わないとか、発酵食品や食物繊維は多めに摂る、といった腸活はものすごく意識しています。お水もたくさん摂るし。逆に、だるくなったりむくんだりするから、お酒は基本的に飲みません。昔はたくさん飲んでいたんですが、ある時、パフォーマンスに影響するから、非効率的だなと気づいたんです。そして腸を温めること。

全身に栄養や酸素を届けていい筋肉をつけたいから、運動も必ず。土日は子どもたちとめいっぱい遊んで、月曜を運動などメンテナンスに当てることが多いかな。ピラティスを定期的に取り入れるようになって疲れにくくなったし、肌もキレイになったし、ボディラインもすごく変わってきました。

睡眠も大切！　私は、きちんと眠らないと機嫌が悪くなります（笑）。特に30歳越えてから、睡眠不足でパフォーマンスが下がると気づき、7〜8時間は必ず寝るようになりました。仕事が溜まって徹夜をすることもたまーにありますが、そのたびに、もう若くないんだ……と激しく後悔します（笑）。

キレイな肌でいたいけれど、スキンケアの優先順位はそれほど高くない。正しい食事や運動があって初めて、スキンケアの効果が出てくると心してます。

*Reika Miyazaki  Manifester*

# 呼吸する。集中する。
# ピラティスは、私にとってほぼ瞑想！

ピラティスは「動く瞑想」って言われてるらしいんだけど、全意識が身体と呼吸に向くからすごくいいの。脳トレにもなる。雑念がわくスキがなくて、筋肉に全意識を集中できる。無駄がないし、無になるし、超リフレッシュされる。週に２回くらいのペースでやってます。

もうひとついいのは、呼吸を整えられること。私はパニック障害があるので、呼吸が乱れることに対する恐怖感がすごくあるのね。今でもパニックになることがあるんだけど、ピラティスの呼吸をして整えることでずいぶんラクになってきた。特に薬を飲まずに克服できてるのはピラティスのおかげ！

これは治るものじゃないから、with コロナじゃないけど、私はwith パニック障害で生きていくしかない。ピラティスはそういう意味でも欠かせないんです。

Reika Miyazaki　Manifester

派手顔だから、メイクはほとんどしない。
普段は引き算して、する時はバシッと。

普段はノーファンデでメイクは時短。
たまにぱきっとメイクするよ。

人生で2回、
摂食障害になったことがあります。
169センチ、40キロ。
倒れる寸前でした。

今は、自分の身体が好き！ って言える。
もちろん完璧じゃないし
「こうなりたい」はたくさんある。
でも、ちゃんと食べて、
ちゃんと動ける
今の身体は最高です。

Reika Miyazaki　Manifester

流産した後、体調が劇的に悪くなり。
ホルモンバランスは崩れるしメンタルも弱ったし。
けど仕事も育児も頑張らないといけない、休んでる暇もない！
そういった時に私が救われたのが植物療法。
植物療法を勉強するようになり、薬ではなく自然の力で身体の
体質改善を抜本的にする方法。これに感銘をうけすぐ生活の一
部に取り入れました。
そうしたら徐々にすごく辛かった身体の不調、メンタルの不安
定さ、ホルモンバランスや女性特有の不調がみるみるうちに改
善。

妊娠がもう難しいんじゃないかと言われてた身体がまた妊娠継
続できるまで強くなり、現在無事安定期に入り元気な赤ちゃん
がお腹の中にいます。
それを目の当たりにしてた啓司さんが
こういう植物療法などを広めたいって。
こんなにも女性は大変で。悩んでる方が多いので。
そういう人に笑顔を違う形で届けたい。
という彼の強い気持ちに私は共感し
2人で2月に Vitolabo をオープン。
正直、妊娠初期と同時期だったので何度も諦めそうになりまし
たが、早く困ってる多くの方に届けないといけない！　って想
い奮い立たされました。

# Vitolabo を立ち上げた意味

Vitolabo はビル一棟で運営しているのですが、私たちが出会った時はすでに先着で３件ほど申し込みが入っていてなかなか厳しい状況でした。そこのビルにどうしてもインスピレーションを受け、そこで展開する運命を感じました。
そんな時、神社に行きお祓いをしていただいた際に、
「この事業を本当にやるべきだったらあのビルを決めさせてください、でなければやるべきじゃないと思ってやめます。正しい方向へみちびいてください」とお願いしました。
そしたら奇跡的に次の日に何故か一番手に繰り上げになり
決まりました！
だから絶対やるべきなんだなと思いましたし
この事業をすることでひとりでも誰かを幸せにしたい、
するべきなんだと
逆に宿題を与えられた感じです。
だから辛くても頑張るしかなかった。

今までもそうだけど
自分の辛い体験はすべて今はプラスに活きてて
それで色んな方にいい影響を与えるきっかけになってる。

流産はすごく辛い出来事だったけど。
それがあったからこそ、気づいたこともたくさんあり。
体調とかなり真剣に向き合う日々の中で今のアイディアが湧いてます。
本気で悩んでる方へ、薬以外での向き合い方も提案し。
より心も体も健康になれるように。

だからマイナスの出来事があっても、
マイナスにそれ以上引っ張られるのではなく。
そこから学びを得て、いかに発想を転換して新しいものを思い描く想像力を持つか。そしてそれをいかに実行してマニフェストするか。
それが結局いちばんのギフトだと思います。

*Reika Miyazaki   Manifester*

# 整形はしてもいいと思うし、
# 否定しない。
# でも、マインドが変わらなければ
# 意味がない。

今は整形している子も多いし、私の周りでやっている子もかなりいます。変なことだとは思わないし、だいぶ普通なことになってきたなと思う。

ただ、大事なのは、整形をしてもそれで自己肯定感が必ず上がるわけではないし、マインドが変わらなければ延々と繰り返してしまうということ。それに流行りの顔って絶対あるから、あまり流行りに左右されず、本来持っている顔を活かしながら生きていったほうがいいんじゃないかな。皆と同じ顔になるってことは、目立たなくなるってことですからね。

ちょっと前まで二重がいい、その幅が広いほうがいいとされていたけれど、今は韓流ブームで一重も可愛いなんて言われてる。すぐ変わるんですよ。整形してもいいけど、運動や食事を頑張ってボディラインを変えるほうがヘルシーだし、年齢を重ねた時の資産にもなってくれると思っています。

Reika Miyazaki   Manifester

ダイエットは嫌い。
身体は魂が宿る、
唯一の場所なんだから。

微調整はするけれど、いわゆるダイエットはしません。20代の頃はしょっちゅうダイエットしていましたが、摂食障害になったこともあるのでストイックなものは厳禁。それに、ダイエットして痩せても、生活習慣が悪かったらすぐ元通り。一時的なダイエットに意味なんてないと実感しています。

さらに、30代になって、身体への考え方が大きく変わりました。若い頃は細いのがいいと思っていましたが、30歳超えたらたるみしハリがなくなってくる。骨と皮だけでは老けて見えるから、ある程度の筋肉と脂肪も必要なんですよね。

20代の頃は"無敵モード"だったから、何も考えていなかったんでしょうね。でも、身体は自分のために動いてくれる道具で、エンジンで、魂が宿ってる場所です。しかも消耗品！　自分にしか扱えないんだから、いかにメンテナンスをして、いかに効率よく、そして大切にいたわってあげるかを考えなければ。そうやって愛情をかければ、自分の身体は確実に応えてくれますよ。

# 麗果的「腸温活」のすすめ

## これからのキレイは「腸温活」で育てる!

数々のダイエット法を試してきた私が、全女性にぜひ取り入れてほしいと思っているのが「腸温活」。ただの「腸活」ではなく、腸の冷えにも働きかけるのがポイントです。なぜなら、腸は食べたものを消化・吸収し不要なものを排出する大切な臓器だから。健康づくりの土台となる腸が冷えて働きが鈍れば、栄養も摂れないし体力も落ちるし、慢性的な疲労や免疫力の低下、イライラや不眠などに悩むことになります。

だから、まずはハーバルインナースチームや入浴で腸を温めること。腸は数ある臓器の中でも冷えの影響を受けやすいので、温かい装いを意識する、自宅では腹巻きや靴下などを活用するのもいいと思います。その上で、ここで紹介するような腸内フローラのバランスを整え、腸を温める食事をきちんと摂ること!私自身も腸温活を始めて生理痛や PMS、便秘などの悩みが解消し、数ヵ月で妊娠することもできました。ここでは、私の体調を劇的に変化させてくれた、簡単な腸温活のレシピをご紹介しています。

腸温活ではお肉もお魚も食べるし、よくある玄米菜食は基本的におすすめしていません。タンパク質が不足してしまうし、玄米は消化しにくいので、腸の負担となりかねません。また、不溶性の食物繊維ばかりを大量に摂ると逆に腸の動きが滞って便秘が悪化するケースも(食物繊維の割合は、不溶性2に対して水溶性1が理想的)。ここでは、水溶性食物繊維が豊富な食材のレシピを中心に取り上げました。こういった食事にたっぷりの水分(温かくカフェインフリーなハーブティーがおすすめ)をセットにすれば、腸も身体も、そして心も変わり始めます。

# 切り干し大根と
# キノコのハーブ＆バルサミコ和え

〔食べ過ぎた翌日に〕

**材料**
切り干し大根（水で戻して切っておく）、しいたけ、
しめじ、えのきなど好きなだけ、
オリーブオイル、好みのハーブ、クミンシード、
バルサミコ酢 各適量

**作り方**
1 　切った切り干し大根としいたけ、しめじ、え
　　のきをオリーブオイルで炒め合わせる。
2 　ハーブとクミンシードを加え、バルサミコ酢
　　で味を整えてでき上がり。

※冷蔵庫保存で冷たくしても美味。切り干し大根は食物
繊維、ビタミン、カルシウムが豊富に含まれている優秀
な腸活食材。

# にんじんとキャベツの
# オレンジスープサラダ

〔外食続きな日の調整に〕

**材料**
にんじん 1 本、キャベツ 1/8 個、オレンジ、
好みのハーブ、黒胡椒、
アガベシロップ（オリゴ糖でも可）

**作り方**
1 　にんじんを細めのせん切りにして軽くレンチ
　　ンする。
2 　キャベツをせん切りにして塩もみし、水分を
　　絞る。
3 　1 と 2 を、胡椒とハーブと混ぜ合わせる。
4 　絞ったオレンジのジュースとアガベシロップ
　　少々を混ぜて好みの味にし、3 にひたひたま
　　で注ぐ。

※冷製スープとして食べても、レンチンして温めても。
キャベツをセロリに替えると日持ちする。

*Reika Miyazaki Manifester*

# ひよこ豆とじゃこのハーブサラダ

{筋活、骨活にぴったり!}

### 材料
ひよこ豆 200g、じゃこ 適量、紫玉ねぎ 30g、
オリーブオイル 大さじ2、レモン汁 大さじ1、
すりおろしニンニク 小さじ1/2、
好みのハーブ 適量、塩、胡椒、黒酢、
クミンシード

### 作り方
1 ひよこ豆をひたひたの水に5時間程度浸す。
2 紫玉ねぎを粗みじんに切って水にさらす。
3 材料をすべて混ぜてでき上がり。

※ホクホクした豆とじゃこの歯ごたえが美味なサラダ
は常備菜としてあると便利。


# 焼きバナナの甘酒ヨーグルト炒め

{ギルティフリーなおやつに}

### 材料
バナナ1本、甘酒カップ1/2、ヨーグルトカップ1/2、
はちみつ(オリゴ糖やメープルシロップでもOK)
大さじ3

### 作り方
1 バナナを一口大に切る。
2 フライパンで1に焼き目をつけ、他の材料を
　すべて加え強火でバナナにからめる。

※バナナには水溶性の食物繊維がたっぷり。そのままで
もいいけれど、乳酸菌たっぷりのヨーグルトや善玉菌の
エサとなるはちみつと合わせて摂ると腸活効果UP。

# りんごと赤いハーブティーのスープ

{美しいスープでビタミン補給!}

**材料**
ローズヒップティー(ハイビスカスのハーブティーでも可)適量、 りんご 1/2 個、
はちみつ (オリゴ糖でも可)

**作り方**
1 お茶をカップ 2 ～ 3 抽出する。
2 薄切りにしたりんごを入れ、柔らかくなるまで煮る。
3 はちみつを加え、ひと煮立ちさせてでき上がり。

※小腹がすいた時、ダイエット中の一杯に。見た目が美しく、おもてなしにもぴったり。

# 腸温活シチュー

{お腹ぽかぽか、食べごたえ抜群}

**材料**
ブラックビーンズ水煮缶 1、トマト缶 1、
コーン缶 1、トマトジュース 適量、
ニンニク 2かけ、玉ねぎ 1/2 個、塩、胡椒、
オリーブオイル 小さじ1

**作り方**
1 ニンニクと玉ねぎをみじん切りにする。
2 フライパンにオリーブオイルをひき、ニンニクを炒め香りが立ったら玉ねぎも加える。玉ねぎが透き通るまで炒める。
3 材料をすべて加え、塩と胡椒で味を整える。

※ライ麦パンを添えていただくと食物繊維やミネラルも多く摂れ、よりヘルシーに。トマトは血管の老化を防ぐエスクレオサイド A と抗酸化作用の高いリコピンを含むので、常備しておきたい野菜のひとつ。

# キヌアの炊き込みごはん

{デイリーに楽しめるスーパーフード}

**材料**
キヌア カップ1、水 カップ2、酒大さじ 1、
醤油 大さじ 1/2、にんじん 適量、
茹で竹の子 適量、だし カップ1/2、
みりん 大さじ1、アガベシロップ 小さじ1

**作り方**
1　キヌアを洗い、水、酒、醤油と合わせ3時間
　　ほど置く。
2　にんじん、竹の子、だし、みりん、アガベシロッ
　　プを合わせて鍋に入れる。醤油（分量外）を
　　少量加える。
3　2を中火にかけ、沸騰したら弱火にして5分
　　煮る。
4　鍋から竹の子を取り出し、1を加える。沸騰し
　　たら弱火にして水けがなくなるまで炊く。
5　炊きあがったら竹の子を加えて混ぜる。

※キヌアはタンパク質とミネラル豊富で、血糖値も上がりにくいスーパーフード。白米より早く炊ける
のであると便利。


# スイートオリーブとココアのスープ

{腸を温め、活力チャージ}

**材料**
ココア 適量、オリゴ糖 適量、
オリーブオイル 小さじ1、ミックスナッツ 少々

**作り方**
1　温めたココアに、オリゴ糖とオリーブオイル
　　を入れる。
2　砕いたミックスナッツを加え、ホットスープ
　　としていただく。

※オリーブオイルには、腸を温めて活発にする力が。ミッ
クスナッツはキッチンペーパーに包んで瓶の底などで砕
くと簡単。

# レッドソイサーモンスープ

## {血液サラサラ、胃腸も元気に}

**材料**
トマト 1個、玉ねぎ 1/2個、鮭缶 1、
煮干し粉 大さじ1、黒豆きなこ 大さじ1、
黒酢 大さじ1/2、赤味噌 25g、麦味噌 25g、
白胡麻・すり胡麻 各小さじ1/2

**作り方**
1 すりおろした玉ねぎと鮭缶をファスナー付き
　ビニール袋に入れて揉む。
2 残りの材料もすべて入れて揉み込む。
3 平らにして冷凍する。
4 適当な大きさに割ってカップに入れ、熱湯を
　注いででき上がり。

※腸温活野菜であるトマトに血液をサラサラにする玉ねぎ、EPA や DHA も含む鮭、
腸内環境を整える黒酢などがまとめて摂れる。

# 腸活鍋

## {たっぷりの発酵食品で腸が元気に}

**材料**
キムチ 250g、豚ばら薄切り 300g、
お好みの具材(春菊、豆腐、ねぎ、しいたけなど)、
甘酒 カップ1程度、水 カップ1.5程度、
味噌 大さじ2、豆豉 大さじ1、胡麻ダレ 適量、
白すり胡麻 適量

**作り方**
1 豚肉を甘酒に漬け込む。
2 鍋に水を入れて沸かし、味噌と豆豉を溶く。
3 好みの具材を入れ、火が通ったら胡麻ダレと
　すり胡麻をからめていただく。

※キムチは塩辛や魚醤など、発酵させるための原料が
入ったものを選ぶこと。豆豉がなければ味噌を大さじ3
に変更しても OK。

*Reika Miyazaki Manifester*

# 麗果的女性論

女性が幸せになるために、
自立して輝ける社会を

9

Neo Feminism

# 麗果的「ネオ・フェミニズム」のすすめ

フェミニズムとは女性の自立！　社会平等！　って感じが強いけど、
大変な時に助け合い、男性も女性の気持ちを理解する。
働きやすかったり、
生きやすい、
そんな家庭環境を男性の方も作ることに積極的に参加する。
男性にマウントを取る戦うフェミニズムだけでなく、
男性もフェミニズムに参加できることも大切なんではないかなと。
啓司さんを見てて思います。
彼こそ日々女性支援の活動をしてるなと感じます。

女性も、男尊女卑を否定するあまり、逆に男の人を差別したりするようなことなく、
自然に協力し合えればいいと思います。人間力を高めて、マインドもボディもキラキラさせていきたい。人として素敵であれば、それがいちばんじゃないでしょうか。

Reika Miyazaki  Manifester

寄付やチャリティーは毎日のようにしています。自分が着なくなった服を送ることもあるし、災害があれば寄附金を出す。そういったサポートは、私にとって当たり前の活動の一部です。

次のステップとして考えているのが、DVを受けている女性を支援するための組織。私が関わっているランジェリーのプロデュースフィーは、すべてそのために使うと決めました。

DVを受けている人って、いわば洗脳された状態なんですよね。なかなかそこから抜け出せない。経済的なDVがあれば、お金がなくて次のステップに踏み出せなくもなります。相手の仕返しが怖くて身がすくんだり、何も考えられなくなる。被害を訴えることもできなくなるんです。

私はDVを受けて、警察のお世話になったことがあります。アザができたり骨折していたから、被害届を出したほうがいいんじゃないかと何度も説得されました。今は被害届がなくても逮捕できるとも言われました。でも、そんなことになったら彼がもっと怒って大変なことになってしまう……そう思って、被害届なんてもちろん出せなかった。それくらいに、DVから抜け出すことって大変なんです。

そんな経験があるからこそ、そんな時にどういう言葉をかければいいか、どんな手助けが必要か、どうやってその相手との関係を断ち切ればいいか、私にはわかります。とてもひどい経験だったけれど、この経験を、困っている誰かのために活かしたい。一緒に手を取り合って、がんばりましょ！

DVは"他人事"じゃない。
女性同士で助け合って、
抜け出さなくちゃ！

Reika Miyazaki  Manifester

私もそういう時代があったからわかります、「お嫁さんになりたい」という女の子の気持ち。でも、ちょっと待って。そこにはリスクもあるんです。

専業主婦をやっていたら、経済的理由で我慢しなくてもよいことも耐えるしかない。それがすごくツライって話も、よく聞きます。亭主関白な夫のことをずっと我慢して「麗果ちゃんが言ってることは正しいかもしれないけど、みんな我慢して生きてるんだよ」なんて言う子もいます。日本はそれが美徳とされがちだけど、我慢なんてしなくていいんです！　そのために必要なのは、経済的な自立。自分で生活していける基盤があれば、パートナーのおかしなふるまいを我慢しなくてよくなります。そもそも「我慢の先に幸せがある！」って考えがおかしいと思う。「今」幸せになってもいいんです。みんな、今幸せになる権利がある。

耐え忍ぶことが美徳のように言われる日本では、ジェンダーイコーリティが先進国で最下位。女性の地位がすごく低いんです。男性から、社会からそういう重圧を受けてる中で、女性同士でマウンティングするなんてバカバカしいと思いませんか？

「だいたいあの子、露出しすぎじゃない？」なんて言うのも、女性同士であることが多いですよね。会社の中でも足の引っ張り合いがあったり。そんなのっておかしい！　女性は女性の味方でなくちゃ。

だから、私は女性向けの福利厚生をいつもいつも考えています。シングルマザーのための施設を作ったり、女性を応援する商品を作ったりしていきたいな。女性がもっと自立して、輝いて、高め合う社会のために。

女同士で足の引っ張り合い、
やめませんか？
支え合って、
みんなでハッピーになろうよ。

小さい頃から、
お父さんが社長でしょ、
インターいってるでしょ、
裕福でしょって羨ましがられて。
でも自分的には
そんな意識まったくなくて、
自己肯定感ゼロ。
低いなんてもんじゃなかったんです。
自信がないという女性の気持ち、
すごくわかります。

私が美容の発信をするのも、みんなに自己肯定感を高めてほし
いから。
自分がキレイだったら自己肯定感が上がるし、そうすれば自信
がもてる。社会で活躍してみよう、一歩踏み出そうって力にな
りますよね。

ファッションや美容には、そういう大きなパワーがあります。
たとえばココ・シャネルがファッションを改革したことで、パ
ンツを穿いて仕事をして、社会に進出しようという女性がたく
さん登場した。女性の社会進出や社会的地位と、密接に関係し
てるんです。

私が下着をプロデュースするのも、そんな活動の一環。その下
着に、男性のためのエロスのようなブランディングは一切禁止。
彼を魅了するみたいなブランディングにはまったく興味がなく
て、女性が身につけて心地いい、自分の気持ちが上がる下着を
目指している。

ReikaMiyazaki  Manifester

2023 年に始めた新たな事業のひとつが、ウエルネス。
ピラティスや整体、植物療法も受けられるサロン Vitolabo を恵
比寿に作りました。

これも、周りから「なんで今さらサロン？　今店舗って流行ら
ないでしょ？」ってすごく言われました（笑）。でも、体が弱く
て不調に悩まされてきた私だからこそ「これで体調がよくな
る！」「女性にはこれが必要！」とわかる部分があります。それ
をぜんぶ詰め込んだサロン。病院じゃないけれど、たとえば植
物療法で自分に合ったハーブティーを摂るだけでも、体調って
すごく変わるから。

残念ながら、日本は女性のための医療がすごく遅れている。ア
メリカなどでは「性差医療」といって女性特有の症状や病気、
ホルモンの影響による不調に取り組む医師も多いのだけれど、
日本ではまだまだ。子宮頸がんワクチンがちゃんと受けられる
ようになったのもつい最近。生理痛を我慢したり、市販薬でご
まかしたり、婦人科にちゃんとかかってない人も多いですよね。
でも、毎月ホルモンの変動に振り回されている女性には、きち
んとしたケアが必要。心身ともに健康で、強く生きていくため
にね。このサロンが、女性が自分の心や体に意識を向け、きち
んとケアしていくきっかけになればいいなと思ってる。みんな
で強く、元気に、ハッピーに生きていこう！

Reika Miyazaki  Manifester

# 知らないからやってみる、学んでみる。
# 飛び込んで一から学ぶのって楽しいよ。

小さい頃から、本はめちゃめちゃ読んでた。ありがたいことに、本にかけるお金は惜しまない家庭だったから、ウォークインクローゼットひとつが私の本棚だった。ずっと本しか読んでなくて、外遊びは嫌いなタイプで。オタクでガリ勉で、成績もすごくよかったの。

小学校低学年の時は、古代エジプトにハマってた。ちょっと家庭がザワついて現実が辛い部分もあったから、本とかファンタジーの世界に逃避してたのかも。「私はもともとエジプトの人だったんだ」とか妄想してた(笑)。百科事典を見るのも好きだった。

だから、今でも知らないことを知るのって好きだし、飛び込むことに何のためらいもない。仕事もその連続。最初の結婚が破綻した時もそんな感じ。仕事を探さなくちゃと思っていたら、知り合いから仮想通貨の取引所の仕事を手伝ってほしいと言われて。シンガポールに関連会社を作るからと英語ができる私に声がかかった。仮想通貨なんてぜんぜん詳しくなかったけれど、取引所の英語通訳や会社の立ち上げメンバーとして関わるように。知らないことを学べるいい機会だからラッキー、くらいの感じで一から勉強しました。

もちろん最初はわからないことだらけで勉強の連続なんだけれど、やっていくうちに専門用語に詳しくなってくるし、ニュース記事も見るし、通訳しているから毎日フレッシュな情報に触れていく。大変だけど、毎日本当に面白かった。「知らないからやらない」っていってたら、何もわからなくなるでしょ。まずは飛び込んで、必死で学んでいくのが私のスタイル。

Reika Miyazaki  Manifester

# 麗果さんに100の質問

100
Question

**Q.1** 名前は?

Ⓐ 宮崎麗果。マリアンナはミドルネーム。友達にはれいか、れいちゃんと呼ばれています。

**Q.2** 生年月日は?

Ⓐ 1988年2月3日。

**Q.3** 星座は?

Ⓐ 水瓶座。

**Q.4** 血液型は?

Ⓐ AB型!

**Q.5** 兄弟姉妹はいる?

Ⓐ 弟がひとり。

**Q.6** 仕事は?

Ⓐ **宮崎麗果!**

経営者、起業家、インフルエンサー、デジタルマーケター。

**Q.7** これまでにした仕事は?

Ⓐ 高校生の時にモデルを始めて、その後にタレントになって。でも向いてないと思って辞めました。その後はサロンを経営したり、商社の輸入や海外店舗の立ち上げを手伝ったり……。本当に色々やりました。

**Q.8** 経営しているのって、どんな会社?

Ⓐ 今は5社。2022年に初めて自分のコスメブランドを作ったほか、マーケティング、バイオベンチャー、広告代理店、OEMメーカー的なことも。2023年には植物療法ブランドとピラティス、トリートメント、ハーブスチームのサロンもスタート。まだ増えると思います。

**Q.9** 仕事の最大の理解者は?

Ⓐ **旦那さん!**

彼は第一線で走り続けててただけあって、メンタルの強さが驚異的。だから仕事の相談をめちゃめちゃするし、たくさん話します。いつもありがとう!

**Q.10** 出身地は?

Ⓐ 生まれたのは母の里帰り出産で長野。出身は世田谷です。

**Q.11** 育ったのはどこ?

Ⓐ 東京、テキサス、長野。台湾にも1年くらい留学しました。

**Q.12** 子どもの頃の夢は?

Ⓐ **国際弁護士。**

小さい頃からパレスチナ問題など国際情勢にすごく関心があったので、世界

のためになる人を夢見てました。

**Q.13** 勉強は好きだった？
(A) **大好きだった。テストは毎回、ほぼ満点。**
インターとアメリカではすごく成績が良くて、ハーバードにいくつもりでした。日本に帰ったら日本語が読めなくて転落しちゃった（笑）。

**Q.14** 子どもの頃、感動した思い出を教えて！
(A) たくさんのアート。父が建築家になりたかった人なので、美術館には本当にたくさん連れていってもらいました。中でも衝撃を受けたのがサグラダファミリア！ 建築物であり、いまだ建造中の現代アートですよね。

**Q.15** パートナーは誰？
(A) 黒木啓司さん。

**Q.16** 黒木啓司さんの好きなところは？
(A) ぜんぶ！

**Q.17** プロポーズの言葉を教えて！
(A) 知り合って3〜4ヵ月くらいで、啓司さんに当然のように「いつ結婚する？」って聞かれて。「ちゃんとサプライズしてよ！」って言ったら「どんなサプライズがいいの？」って聞かれました。それじゃサプライズじゃないですよね（笑）。スタジオで、かなり大掛かりに結婚式の写真を撮ったんですが、スタッフさんがさーっとはける瞬間があって。その時にちゃんとプロポーズしてくれたのがサプライズかな。

**Q.18** どんな習い事をした？
(A) たくさんやりました。ピアノ、クラシックバレエ、タップダンス、陶芸、お習字、テニス……。

**Q.19** どんな部活をした？
(A) **帰宅部。**
学生時代にモデルを始めたので、部活はできなかったんです。

**Q.20** 初めてのアルバイトは？
(A) 中学生でテキサスに住んだ時、周りはみんなアルバイトをしていたのだけれど、私はビザの関係でできなくて。親に何かを買ってもらうのって、窮屈に感じる年頃じゃないですか。それで、ウェブデザインします！ ってネットでお小遣いを稼いだのが最初かも。

**Q.21** 話せる言語は？
(A) 日本語、英語、中国語。高校までは英語がメインだったので、日本語苦手でした。中国語は台湾留学でやっただけなので、今はだいぶ忘れちゃってるかも。

**Q.22 好きな色は？**

Ⓐ ピンクとイエロー！

**Q.23 初めてのデートは？**

Ⓐ 小学校の時。双方の親も一緒に（笑）ディズニーに行きました。手をつないだ可愛い思い出！

**Q.24 趣味は何？**

Ⓐ アートコレクション。今は日本文化も勉強中です。

**Q.25 座右の銘は？**

Ⓐ 「生きることとは呼吸することではなく、行動することだ」（ジャン＝ジャック・ルソー）

**Q.26 自分の魅力って何だと思う？**

Ⓐ **よく明るいって言われます。ポジティブ！**
ポジティブというより、打算的なのかも（笑）。感情に振り回されるより、論理的に考えて前向きに進む方が楽なんですよ。

**Q.27 自分のことは好き？**

Ⓐ **好き！**
でも、そう言えるようになったのはここ最近。ずっと自己肯定感が低い女の子でした。

**Q.28 自分の強みは？**

Ⓐ
吸収力
変換力
洞察力
分析力
行動力
表現力
あと、素直！

**Q.29 やっているスポーツは？**

Ⓐ キックボクシング、ピラティス。

**Q.30 ペット飼ってる？**

Ⓐ 飼ってません。

**Q.31 好きなミュージシャンは？**

Ⓐ 休止しちゃったけど今さら BTS が好き。今頃遅いよね（笑）。あとは洋楽かな。小さい頃からマライア・キャリーとマイケル・ジャクソン、マドンナが大好きで。初めて行ったコンサートは小学生の時のマライアでした。

**Q.32 恋愛で大事にしていることは？**

Ⓐ **意味のある恋愛をする。**

若い頃は好きか嫌いかで考えていたけれど、自分を大切にしてくれる人がいちばんだと気づいて。それと、仕事を頑張っていると、だんだん恋愛なんて時間の無駄に思えるんですよ（笑）。そこを覆してくれるくらい好きになれる相手と、一緒にいるとハッピーでお互い成長できるのがいい恋愛です！

**Q.33 異性のきゅんとくるしぐさって？**

Ⓐ 道で危ない時などに、ぱっと引き寄せて守ってくれたりするとときめきます。

**Q.34 一目惚れってする？**

Ⓐ しない！

**Q.35 自分の顔でどこが好き？**

Ⓐ **特にない。まんべんなく好き。**

あまり興味がないんですよね、自分の顔に。

**Q.36 ヘビロテしているメイクアイテムは？**

Ⓐ 日焼け止めとマスカラ（今、自分のブランドを開発中♡）

**Q.37 普段のメイクは何分？**

Ⓐ **せいぜい5分。**

顔が派手なので、普段はあまりメイクしないし、してもすごく薄いです。どちらかといえば引き算しなくちゃいけないタイプ。それに、メイクが薄い時のほうが褒められるんですよ。メイクが下手なのかも（笑）。

**Q.38 自分のボディでどこが好き？**

Ⓐ あまり自分に興味ないかな。手はキレイって言われる。

**Q.39 コンプレックスは？**

Ⓐ **ぜんぶ！**

ひとつずつ改善していくのが楽しいの。今は姿勢改善がテーマ！

**Q.40 携帯の待ち受け画面は？**

Ⓐ 沖縄の夜の海での家族写真（P43）

*Reika Miyazaki Manifester*

**Q.41** 愛車は？

Ⓐ メルセデスのゲレンデとロールスのドーン。

**Q.42** お気に入りジュエリーを教えて

Ⓐ **結婚指輪は絶対外さないようにしてる。あとグラフの指輪！**
基本的に自分でデザインするのでジュエリーはあまり買わないのだけれど、グラフの指輪は3匹の蝶のデザインが可愛くて。「3つのいいことが起きる」という意味があるって聞いて、妊娠するかも！って予感がして買いました。

**Q.43** いちばんお金をかけてるのは？

Ⓐ 子ども！

**Q.44** 好きな食べ物は？

Ⓐ 好き嫌いないんです。体にいいものならなんでも食べます。

**Q.45** 好きな飲み物は？

Ⓐ はちみつ水。体調がぐんと良くなったハーブティーも手放せない！

**Q.46** ヴィーガンやベジタリアンって興味ある？

Ⓐ **ない！**
筋肉も骨も大切だから、お肉やお魚もバランスよく食べます。アメリカに住んでいた時、お肉が不味すぎるしテキサスでお魚はほとんどなかったので、その時はベジタリアンっぽい食生活になったことがある程度。

**Q.47** 愛読書は？

Ⓐ Eckhart Tolle の『A New Earth』はバイブル。早野實希子さんの『世界一予約のとれない美容家が教える　生き抜く人がしている68の行動』もすごく参考になります。たくさんの人を見てきているから引き出しが多くて、視点が違うんですよ。子どもの頃から好きだったイスラエル問題を扱った『One More River』も、共感性を持つことの大切さを教えてくれた大切な本。あまり知られていないのですが、Christina Noble の『Bridge Across My Sorrows』も大好き。この方、壮絶な生い立ちを乗り越えて社会活動をしている方なんですが、私が小学生の時に学校で講演をしてくれて、すごく印象に残っています。

**Q.48** 好きな動物は？

Ⓐ カワウソ。子どもたちに似てるから。

**Q.49** 最近買ってよかったものは？

Ⓐ ずーっと欲しかったキャサリン・バーンハートの作品！　ずーっと念じてたら、絶対ムリと言われていたものが舞い降りてきました。

**Q.50** 現金派？　キャッシュレス派？

Ⓐ 現金はあまり持ち歩かない。支払いはカードか携帯。

**Q.51** 利用しているサブスクは？

Ⓐ **やりすぎてわからない！**
Spotify、NETFLIX、Disney CHANNEL、Word、Adobe、Photoshop……たくさん入っているので、定期的に見直してます。

**Q.52 自分を動物にたとえると？**
Ⓐ 動物占いではオオカミなんです。でも自分では子鹿ちゃんと思ってる。誰も私がか弱いとは思ってくれないんだけど（笑）。

**Q.53 最近ハマっていることって？**
Ⓐ アート！ 暇さえあれば家族でギャラリー巡り。

**Q.54 お稽古って何かしてる？**
Ⓐ **書道。**
日本のいいところを海外に伝えていきたいなと思って、まずは自分が学んでいます。文字を書くというよりアートを作るような感覚で、すごく楽しい！

**Q.55 持っているアートを見せて！**
Ⓐ 初めて自分のお金で手に入れた大作は、キャサリン・バーンハートの「Hi！」。燃え上がるメラメラのすごさと、温かく癒やされる感じが好き。自画像のために写真をお送りして作品にしていただいたのは戸田悠理さん。スペインのハヴィア・カジェルも大好きで、直接 DM でラブコールして描き下ろしてもらったり。そろそろ自宅の壁が足りなくなりそうです。

**Q.56 アートの魅力って？**
Ⓐ **作家さんと一緒に歴史を刻める！**
おこがましい言い方になってしまうけれど、彼らの歴史の一部を所有でき、シェアできるって素晴らしいこと。特に若い作家さんのモダンアートは、できあがった巨匠のものとは違う、進化を目の当たりにできる楽しさがあります。

**Q.57 自分のご機嫌をとる方法は？**
Ⓐ お風呂に入る、ひとりで車の中で熱唱する、ドライブに行く、空を見る、お香を焚く、瞑想する、運動する……たくさんあります！美容もオフになれる大切な時間。

**Q.58 休みの日は何してるの？**
Ⓐ **休みの日はないです！**
子どもたちと遊ぶから、土日もめちゃめちゃ疲れる（笑）。一年 365 日、お休みなしです！

**Q.59 ぼーっと過ごす時間はある？**
Ⓐ 書を書いていたり、ハーブティーを袋詰めしたりという作業は無になり

ますね。一日５秒でもいいから、深呼吸をするだけでも十分なメディテーション！

**Q.60 すごく腹がたった時、どうしてますか？**
Ⓐ その感情を自分の一部としないで、自分と切り離すこと。たとえば家にホコリがあるとするでしょ。あって当たり前だし、それが普通だって考えればいいんです。

**Q.61 お気に入りの香水は？**
Ⓐ アンリ・ジャックのもの。アルコールゼロですごくいい香りなんです。

**Q.62 美容の習慣は？**
Ⓐ 毎朝起きてから、はちみつと絞ったレモンを入れた白湯を飲みます。

**Q.63 ファッションのこだわりは？**
Ⓐ **シンプル・イズ・ベスト。**
でも、ジュエリーはたくさんつけるのが好き。啓司さんにはヒップホップって言われる（笑）。

**Q.64 お気に入りバッグは？**
Ⓐ ぜんぶ好きです。PC持ち歩く日はシャネルが多いですね。

**Q.65 エルメスのバッグ、何個もってるの？**
Ⓐ わからないけれど、20くらいでしょうか。

**Q.66 占いって信じる？**
Ⓐ **当たる人は信じる。**
定期的に占い師さんにみてもらいます。改名したほうが男運が良くなると言われて名前の「麗香」を「麗果」にしたら、啓司さんと出会ったんですよ。

**Q.67 どうしてそんなに運が強いの？**
Ⓐ 自分は最強運気って常に思ってるから！

**Q.68 引き寄せの法則って信じる？**
Ⓐ **もちろん！**
人を恨む、憎むのは絶対にダメ。自分に返ってくるから。逆に「これをうまく進めたい」というポジティブな念は、どんどん運を引き寄せると思う。たとえば欲しい時計をしている自分をイメージするとか、イメトレもすごくいいですよ。

**Q.69 神社によく行くって本当？**
Ⓐ しょっちゅう行きます！

**Q.70** 宝物は何？

（A） 子どもたち。

**Q.71** もらっていちばん嬉しかったプレゼントは？

（A） 婚約指輪♡

**Q.72** 旅行で好きな場所 BEST 3 は？

（A） パリ、カプリ、それにドバイ。

**Q.73** 国内で旅行に行くなら？

（A） **アマネム。私にとってのパワースポット！**

すぐ近くに伊勢神宮があるんです。アマネムに泊まって、朝 4 時に起きて開門と同時に行くとすごく気がいい。日の出が見えて、人も少なくて。去年は 4 回行きました。

**Q.74** これから行ってみたい場所は？

（A） アイスランド。雄大な自然に浸りたい。

**Q.75** 今まででいちばん嬉しかった時って？

（A） 子どもたちが生まれた瞬間！

**Q.76** 尊敬する人は？

（A） 人はみんな違うから「この人みたいになりたい」というわけではないけれど、たとえばジェシカ・アルバ。社会活動をして、素晴らしいものを世の中に送り出して稼いで、子育てもしてという女性は素晴らしいと思います。

**Q.77** アンチへの一言をどうぞ。

（A） **Slander reveals the greatest truth about the coward implementing it!**

誹謗中傷する臆病者は、逆に自分の人間性をあらわにしているだけ。悪口や噂を言うのって、「私は不幸で意地悪です」って宣伝してるようなもの！

**Q.78** 親友は誰？

（A） 大学時代の友達。

**Q.79** 好きなテレビ番組は？

（A） テレビはほとんど観ません。

**Q.80** 朝型？　夜型？

（A） 朝は苦手なので、ちょっとゆっくりめ。

**Q.81** 平均睡眠時間は？

Ⓐ　7～8時間が理想だけど、現実は6時間くらいかも。徹夜はしないって決めてます。

**Q.82** 寝る時のスタイルは？
Ⓐ　パジャマ派。お風呂からそのままバスローブの時もある。

**Q.83** ストレス発散法は？
Ⓐ　**散歩。**
人間、煮詰まった時って下を向いてるんですよ。だから上を向いて歩く！

**Q.84** 辛い時ってどうしてる？
Ⓐ　トンネルは、出る前がいちばん暗いでしょ。だから、辛ければ辛いほど、次の景色は光で、今は幸せ貯金してるんだって自分に言い聞かせてる。

**Q.85** 運動って好き？
Ⓐ　**運動神経はめちゃくちゃ悪い。でも、運動は好き（笑）。**
私は泳げないし、リズム感もないの。でも体を動かすことは好きだし、すごく大事にしています。"運を動かす"のが運動だからね！

**Q.86** 美容院に行く頻度は？
Ⓐ　今まで週イチだったけど、ホームケア頑張るようになって月イチになりました。スピンヘアワークスかRrサロンに行っています。

**Q.87** 美容で特に気をつけていることって？
Ⓐ　姿勢！　猫背になりがちだからね。

**Q.88** 1日で美容にかける時間は？
Ⓐ　**一日24時間！**
一日すべてが美容の時間だと思ってます。健康的なご飯も、お風呂も、ハーブティーも。階段のぼる時もつま先立ちなら運動になるし。

**Q.89** 現在の目標は？
Ⓐ　**内緒。**
目標を言いたくないんです。口にすると、それが限界みたいに感じられるから。

**Q.90** 今後、トライしたいことって？
Ⓐ　アートコレクターなんだけれど、自宅の壁が足りなくなってきました（笑）。倉庫に眠らせるのももったいないから、展示したいな。アートの財団法人はいずれ作りたいと思っています！

**Q.91** いったん閉じていたYouTube、どうして再開したの？
Ⓐ　英語でやりたかったから。常にアップデートしていきたいので前のものは消しましたが、内容によっては出していくかも。

**Q.92** 将来の夢は？

Ⓐ 社会貢献！

**Q.93 政治家にならないの？**

Ⓐ お誘いをいただいたことはありますし、政治にはすごく興味あります。でも、私ができる社会貢献は政治の形ではなく、女性を応援していくことだなと思ってる。

**Q.94 大切にしていることって？**

Ⓐ **自分の軸をぶらさないこと。女性を幸せにして、子どもたちの未来を明るいものにするために働いてます！**

**Q.95 苦手なことってある？**

Ⓐ 事務作業。やるけど好きではない。

**Q.96 苦手な人っている？**

Ⓐ もちろん苦手はあります。ネチネチした人かな。

**Q.97 10 年後の自分は何してる？**

Ⓐ 仕事はしている。でも、表に出るのではなく、経営に専念していきたいですね。

**Q.98 どんな人になりたい？**

Ⓐ マザー・テレサ、ダイアナ妃、オードリー・ヘプバーン。美しくありながら社会貢献する人に憧れます。

**Q.99 ずっと日本に住むの？**

Ⓐ 日本に住んでいたいけれど、海外にも拠点を持ちたいな。パリ、ドバイ、ハワイあたり。寒いのが苦手なので冬からは逃げていたいかも。

**Q.100 最後に一言！**

Ⓐ この本は、今の私の本。１年後には答えが変わっているかもしれないけれど、その時は責めないでね（笑）。常に進化していたいし、生きるって変化することだから。

## 宮崎麗果

実業家、ネオフェミニスト
日本1位のSNSマーケティングエキスパート

16歳でモデル、18歳で芸能界デビュー。結婚、出産を経て30歳でコンサル会社を設立する。その後、化粧品関連、ランジェリーブランドなど複数のブランド、事業を立ち上げる。海外進出も開始。2023年1月には恵比寿ビル一棟で植物療法を軸に温活、ピラティス、整体、エステの複合ウェルネス施設 Vitolabo をオープン。
グローバルな視点で発信するSNS @reikamarianna（現在37万フォロワー）では、専門的な美容や健康についての知識だけでなく逆境に負けないポジティブでパワフルな生き方も提案。母となって、なお素敵に輝く「女性」でいるためのヒントが、国内外の同世代ファンから熱い支持を得ている。

構成・高見沢里子　校閲・ＫＰＳプロダクツ
カバー撮影・嶋田礼奈　ヘアメイク・野崎裕子

# 実現者
## マニフェスター
## 私「やべー女」ですが

2023年4月20日　第一刷発行

著者　　　　宮崎麗果
発行者　　　鈴木章一
　　　　　　株式会社　講談社
　　　　　　〒112-8001　東京都文京区音羽2丁目12-21
　　　　　　（販売）03-5395-3606　（業務）03-5395-3615

KODANSHA

編集　　　　株式会社講談社エディトリアル
代表　　　　堺公江
　　　　　　〒112-0013　東京都文京区音羽1丁目17-18
　　　　　　　　　　　　護国寺 SIA ビル

　　　　　　（編集部）03-5319-2171

装丁・本文デザイン　　太田穣
印刷　　　　株式会社 KPS プロダクツ
製本　　　　株式会社国宝社

©REIKA MIYAZAKI 2023 Printed in Japan
NDC593 19cm 175p
ISBN978-4-06-531404-3